MutterKutter

DER SURVIVAL GUIDE FÜR MAMAS

humboldt

INHALT

WILLKOMMEN AN BORD!

Liebe Mama,
herzlich willkommen in deinem persönlichen *Survival-Guide für Mamas*. Du darfst dich jetzt zurücklehnen, lesen und entspannen. Dieses Buch ist nur für dich, denn du bist wichtig! Wir wünschen uns, dass du glücklich bist.

Wir möchten dir dabei helfen, mit neuer Kraft und positiver Energie in deinen Familienalltag zu starten. Mehr Zeit, mehr Kraft, mehr Gesundheit – da möchten wir mit dir gemeinsam hin. Wir möchten dir nicht nur beim Lesen ein Lachen, sondern auch in deinem Alltag ein Lächeln auf die Lippen zaubern. Wie? Indem wir, die MutterKutter-Autorinnen, mit dir Kapitel für Kapitel durch die Zeit der oft sehr stürmischen Vor- und Grundschuljahre schippern. Unterhaltsam. Echt. Lösungsorientiert. Du sollst im Familienalltag nicht (mehr) auf der Strecke bleiben. Wir legen bei der Frage *Wo bleibe ich eigentlich?* ab und wollen mit dir bei der Aussage *Hallo, hier bin ich wieder!* zurück an Land gehen.

Haushaltschaos, Wackelzahnpubertät, Schulfrust – kennen wir! Genauso die Wochen, in denen heilloses Chaos gleichzeitig in der Wohnung und im Kopf regieren – und du nicht mehr weißt, wo oben und unten ist. Tage, an denen du dich fragst, ob du dich zur Bewältigung aller Aufgaben nicht doch irgendwie klonen kannst oder ob Bibi Blocksberg deinen Tag mal eben kurz auf 48 Stunden hexen kann. Ein paar Highlights: Dein Kind ist krank, aber du hast deine Kinderkranktage schon voll ausgeschöpft. Du musst länger arbeiten und hast niemanden, der dein Kind bzw. deine Kinder abholen kann. Dein Kind will partout nicht mehr in die Schule gehen und weint bitterlich. Dein Kita-Kind ist wütend, denn: Die Jeans fühlt sich nicht gut an, die Unterhose ist total doof und die Lieblingsklamotte ausgerechnet jetzt in der Wäsche. Zu allem Überfluss hättet ihr schon vor zehn Minuten in der Kita sein müssen. Das Geschirr stapelt sich, die dreckige Wäsche auch, übermorgen ist plötzlich schon der Kindergeburtstag – und du hast exakt noch nichts vorbereitet. Oder, auch gerne genommen: Es ist 19 Uhr und du erfährst jetzt erst, dass da noch wichtige Hausaufgaben für morgen anstehen. *Arghs!*

Das Ergebnis: Zu Hause fliegen die Fetzen wegen Lappalien. Du nimmst dir jeden Tag aufs Neue vor, dich mehr um dich selbst zu kümmern, dich gesund zu ernähren, genug zu trinken und mal wieder Sport zu machen – aber abends fällt dir dann auf, dass du dich weder bewegt noch den Apfel gegessen und viel zu wenig Wasser getrunken hast. Dafür waren die Kaffeemaschine und der Schokoriegel deine besten Freunde. Nun liegst du müde auf dem Sofa, willst nur noch deine Ruhe haben. Und dann kommt es, wie es kommen muss: Da will noch jemand Sex. *Wie bitte? Nee, ey!* Und nun fühlst du dich schlecht, weil du das Gefühl hast, es niemandem recht machen zu können – dir selbst erst recht nicht.

We feel you! Auch wir kennen diese Situationen zu gut und haben unsere eigenen Lösungsstrategien gefunden, damit wir nicht zu kurz kommen – und unsere Familien am Ende auch nicht. Diese geben wir dir in diesem Buch an die Hand. Sechs verschiedene Themenschwerpunkte haben wir für dich erarbeitet:

1. Familienalltag
2. Kita, Schule und Job
3. Wutanfälle, Wackelzahnpubertät oder Schulfrust
4. Liebe, Sex und Krisenmanagement
5. Gesundheit, Fitness und mentale Stärke
6. Bleibe du selbst!

In den Kapiteln beschreiben wir zahlreiche, dir sicherlich bekannte, Situationen und verraten dir unsere Lösungen. Die einzelnen Kapitel sind immer gleich aufgebaut: Erst bekommst du von uns eine Einleitung zum jeweiligen Thema, dann geben wir dir knackige Tipps an die Hand, die du auch mal schnell zwischendurch lesen und auch gleich ausprobieren kannst.

Wir sagen dir, was du tun kannst, um mehr Ordnung, Struktur, Me-Time – und auch mehr erfüllten Sex in deinen Alltag zu holen. Und das Allerwichtigste, liebe Mama: Egal, in welcher Situation du gefühlt grad feststeckst. Du bist nicht allein! Das ist uns ganz wichtig zu sagen. Wir sitzen alle im selben Boot.

Wir freuen uns sehr, dass du hier bei uns an Bord bist,

Deine
Doro, Kerstin, Judith & Isabel

Isabel – Doro – Judith – Kerstin

DAS SOLLTEST DU NICHT VERGESSEN!

So schön es auch wäre: Auch wir sind natürlich nicht perfekt oder allwissend. Und sicherlich wirst du nicht jeden unserer Tipps umsetzen können – dafür sind es zu viele. Wir möchten dir in erster Linie Mut machen; Mut, deinen eigenen Weg zu finden und zu gehen; Mut, dein Leben nach deinen Bedürfnissen und denen deiner Familie zu gestalten – damit du zufrieden, glücklich und gesund euren Familienalltag genießen kannst!

Das ist die MutterKutter-Crew

Wir haben uns gesucht und über Instagram gefunden – so pathetisch das auch klingen mag. Vier Frauen, vier Mütter, vier verschiedene Fachrichtungen – und doch eine große Gemeinsamkeit: Wir möchten mit unserem Wissen unsere Leser*innen*) informieren, sie mit unseren persönlichen Geschichten, Interviews und Filmen unterhalten, berühren oder einfach zum Lächeln bringen.

WIR SIND EXPERTINNEN

Das Thema Frauengesundheit – körperlich und seelisch – hat bei uns absolute Priorität. Wir wünschen uns starke, gesunde Mütter. Vielleicht fragst du dich, warum du ausgerechnet uns vertrauen kannst? Unsere Antwort: Wir sind vier Expertinnen bei MutterKutter. Wir haben nicht nur insgesamt 16 Kinder – wir sind auch (TV-)Journalistin, Hebamme, Frauenärztin und Mamapsychologin. Du bekommst von uns also geballtes Wissen mit einer großen Portion Mama-Erfahrung.

Wir sprechen darüber! – das ist unser Motto. Auch über Themen, die bisher vielleicht nur mit der besten Freundin besprochen wurden – wenn überhaupt. Wir sind ehrlich und authentisch. Das sind wir:

Dorothee Dahinden
Herausgeberin von www.mutterkutter.de. Langjährige TV-Reporterin, Video- und Fotografin. Zwei Töchter. Doro ist nicht nur extrem kreativ, sie stellt auch von Natur aus gerne Fragen und interessiert sich für die Geschichten und echten Gefühle anderer Menschen.

*) Wir nutzen das Gendersternchen, um sowohl männliche und weibliche als auch nicht-binäre Geschlechtsidentitäten einzuschließen. Zum Teil wurde nur die weibliche Form gewählt, nichtsdestoweniger beziehen sich die Personenbezeichnungen gleichermaßen auf alle Geschlechtsidentitäten.

Kerstin Lüking

Hebamme und Buchautorin. Fünf Töchter, zwei Söhne. Kerstin hat gefühlt schon alles mit Kindern erlebt und für fast jede Situation einen Rat oder eine wirklich lustige Anekdote parat. Sie trägt das Herz auf der Zunge, ist Meisterin der Organisation und unsere Duracell-Lady!

Dr. Judith Bildau

Frauenärztin, Medizinjournalistin, Buchautorin und Model. Fünf (z. T. Patchwork-)Töchter. Judith ist mit ihrer Familie nach Rom ausgewandert. Sie hat ein riesiggroßes Herz und liebt das Leben. Für die Fragen und Nöte anderer Menschen nimmt sich Judith eigentlich immer Zeit. Und hat auf nahezu alles eine sehr fundierte und liebevolle Antwort.

Isabel Huttarsch

Mamapsychologin. Eine Tochter und ein Sohn. Isabel liebt wissenschaftliches Arbeiten. Ihr absolutes Herzensthema ist die Begleitung von Mamas auf der abenteuerlichen Reise durch eine bewusste Mutterschaft. Ihr Blick ist professionell und liebevoll zugleich.

Okay, liebe Mama. Auf geht's. Genau jetzt. In diesem Moment. Einatmen. Ausatmen. Entspannung.

FAMILIENALLTAG

Fühlst du dich in deinem Familienalltag manchmal auch wie eine Artistin in einem Zirkus, der sich mit verschiedenen Gegenständen durch die Vorstellung jongliert? Mit dem Unterschied, dass du nicht mit Bällen, Kegeln oder Tüchern wirbelst, sondern mit Töpfen, Wäsche, Putzzeug und den verschiedensten Terminen für die ganze Familie. Das volle Ballett eben. Dazu sitzt dir nicht das Publikum, sondern die Zeit im Nacken. – TICKTACK! – Du kennst wahrscheinlich diese innere Uhr, die immer schneller zu laufen scheint.

 ## TICKTACK – Die innere Uhr rennt!

Zum Beispiel montags: Du stehst voller Energie auf. Lächelst. Das Familienwochenende war superschön und entspannt. Doch eine halbe Stunde später: alles für die Katz! Dir wird schlagartig klar, dass mal wieder das heillose Planungschaos herrscht und du fühlst dich schon gestresst. Deine Tochter erzählt dir erst jetzt, dass sie heute Nachmittag zu einem Geburtstag eingeladen ist und du noch ein Geschenk besorgen sollst. Nur wann? Denn du musst arbeiten. Dazu erklärt dir dein*e Partner*in, dass er bzw. sie morgen Abend einen wichtigen Geschäftstermin hat. Da ist allerdings Elternabend in der Schule. Eine Kinderbetreuung? Kannst du so schnell nicht organisieren. Und nun? – TICK! –

Vielleicht kennst du auch diese innere Unruhe, die sich oft schon am Anfang der Woche ausbreitet, wenn du mit all den Aufgaben, die du auf deine To-do-Liste geschrieben hast, im Verzug bist. Wenn du zwischen Job und Kinderabholen mal schnell „runde Ecken" gesaugt, nur das Waschbecken übergeputzt oder grad mal die Kinderwäsche geschafft hast. Wenn deine eigenen Unterhosen wieder einmal warten müssen, dich der Staub aus allen Ecken anlacht und du vor lauter Stress vergessen hast, etwas Anständiges zu essen. Schließlich lag ja noch der Knust vom Brot da. Muss ja reichen.

TACK! –

Mist, ich werde nie fertig. Ich schaffe von allem nur ein bisschen, mag es durch deinen Kopf rauschen. Aus solchen Gedanken kann emotionaler Ballast werden. Du fühlst dich gestresst. Manchmal so sehr, dass dein Herz rast und du das Gefühl hast, wie ein Hamster im Familienrad zu laufen.

AN DIESER STELLE SAGEN WIR „STOPP"

STOPP, liebe Mama! Setz dich hin. Atme tief durch und sieh genau hin: Es geht „nur" um den Haushalt und um deinen Familienalltag.

Auch wenn es grad so wirkt, als ob ein Management-Tsunami über dich rollt – der Haushalt lässt sich tatsächlich mit einigen Tricks so organisieren, dass du weniger Arbeit und mehr Zeit für dich hast.

Jetzt sind wir für dich da! Wir wissen, dass du dein Bestes gibst. Wir wissen auch genau, wie sich solche Situationen anfühlen – vor allem, wenn wir Mamas alles alleine managen wollen oder müssen. Alles auf einmal funktioniert nicht, so viel vorweg. Und mehr als 100 Prozent können wir alle nicht geben.

Äußere Ordnung schafft innere Ordnung – das wissen wir ja schon längst. Wir sagen aber, lass es uns doch mal umdrehen: Innere Ordnung und Klarheit ziehen äußere Ordnung und Struktur nach sich. Du fragst dich an dieser Stelle vielleicht: Was heißt das denn nun genau? Das möchten wir dir gerne erklären: Du kannst deinen Alltag insgesamt gelassener und strukturierter gestalten, wenn du innerlich ruhiger und fokussierter bist.

Es gibt wahrscheinlich immer wieder Momente in deinem Familienalltag, in denen dich deine To-do-Listen förmlich überrollen und du dich fragst, wann dir eigentlich noch zwei weitere Arme wachsen werden, um all das zu erledigen, was ansteht. Genau jetzt ist es wichtig, dass du die mentale Pause-Taste drückst, deine Gedanken zur Ruhe bringst und dir klarmachst, dass viele Dinge, die du dir vorgenommen hast, nicht (über-)lebenswichtig sind. Mach dir bewusst, wie wichtig du bist und dass du nicht für alles Kraft und Zeit hast und dich deshalb auf das Wichtigste fokussieren darfst. Das spart Zeit und Nerven. Nur, wie ist das jetzt in die Tat umzusetzen? Lass uns mal sofort ins Handeln kommen!

Wir bitten dich: Sag einfach mal laut *STOPP*, wenn du merkst, der Tag, die Gefühle und die Gedanken laufen aus dem Ruder. Mache es genau dann, wenn in deinem Kopf all die Aufgaben, die auf deinem Zettel stehen, Achterbahn fahren.

SCHAU DOCH MAL IN DEN SPIEGEL, …

… schenke dir selbst dein schönstes Lächeln und fasse den folgenden Vorsatz (sehr gerne auch laut):

„Ich steige jetzt aus meinem täglichen Mama-Hamsterrad aus. Ab heute organisiere ich uns einen entspannteren Alltag. Ich nehme mir die Zeit, die ich brauche, um ruhig und kraftvoll durch unseren Familienalltag zu kommen. Denn auch ich und meine Bedürfnisse sind wichtig!"

Wiederhole diesen Vorsatz vier Wochen jeden Tag. Du wirst merken, wie sehr du ihn verinnerlichst.

Lass los und den Gedanken zu, dass du (mehr) abgeben darfst. Du musst nicht alles alleine schaffen! Wir verraten dir, wie du Familie und Haushalt so organisieren kannst, dass ein Rädchen genau in das andere greift. Wie in einem gut strukturierten Unternehmen – jeder hat seine Aufgaben und alle machen begeistert mit. Klare Absprachen sollen ab jetzt euren Familienalltag bereichern. Wir möchten mit dir gemeinsam weg von dem Gefühl, alle Aufgaben in einen kleinen Zeitraum pressen zu müssen, und hin zu einem strukturierten Alltagsrahmen, der es dir ermöglicht, dir Freiräume zu nehmen.

Natürlich ist jede Mama anders. Auch im Hinblick auf den Haushalt. Die eine stört sich weniger am Staub, dafür aber am ungeputzten Waschbecken. Die andere braucht einen vollen Kühlschrank und eine gute Wochenorganisation für ihr persönliches Wohlbefinden. Du bekommst eine Menge Tipps und Tricks von uns. So möchten wir dir dabei helfen, ein Grundgerüst zu schaffen bzw. deine Organisation noch zu verbessern. Suche dir aus unseren Impulsen gerne das raus, was dir und deiner Familie genau jetzt am meisten weiterhilft. Uns geht es nicht darum, einen perfekten Haushalt oder ein perfektes Familienmanagement zu formen, sondern darum, mehr Freiraum für dich zu schaffen.

 Fünf Tipps für einen Haushalt im Griff

Jetzt wollen wir dir unsere fünf Top-Tricks an die Hand geben, mit denen du euren Haushalt auf Dauer so organisieren kannst, dass der Kühlschrank immer ausgereichend gefüllt ist sowie frische Unterhosen und Socken für alle im Schrank statt im Schmutzwäschekorb liegen. So bleibt das große, altbekannte Chaos aus.

Tipp 1: Macht euch einen Wochenplan

Die Idee klingt so simpel und logisch, dennoch fehlt er unserer Erfahrung nach in vielen Haushalten: ein Wochenplan. Darin kannst du nicht nur alle anstehenden Termine eintragen, du kannst auch gleich gemeinsam mit deiner Familie regeln, wer wofür verantwort-lich ist: Wer kauft wann ein? Was essen wir zum Abendbrot? Was kochen wir, wenn Oma und Opa zu Besuch kommen? Wer besorgt das Geschenk für den Kindergeburtstag am Freitag? Und wer küm-mert sich um den Einkauf für die eigene Geburtstagsparty am kom-menden Wochenende? Gemeinsam könnt ihr beratschlagen, wie die genau aussehen soll – damit auch alles eingekauft und entspannt vorbereitet werden kann.

Mit so einer Planung hast du alles im Blick, keiner kann sich aus der Affäre ziehen und sagen *Sorry, das wusste ich nicht und schaffe es jetzt auch nicht mehr!, Vergessen!* oder *Echt, da ist Elternabend? Mist. Da habe ich einen Geschäftstermin.* Gleichzeitig kannst du schon mit der Planung Verantwortung abgeben und die Aufgaben auf alle Schultern verteilen. Nimm dir mit deiner Familie zum Beispiel zwan-zig Minuten am Wochenende und plant gemeinsam eure Woche. Dann ist der Rest ein Kinderspiel.

Und wie sieht so ein Wochenplan aus? Es gibt viele Möglichkeiten: eine Kreidetafel, ein laminiertes Template oder du malst ganz simpel einen Plan auf einen DIN-A4-Zettel. Häng ihn am besten an einem Ort auf, wo ihn wirklich jedes Familienmitglied sieht.

Tipp 2: Plane feste Wäschezeiten ein

Mama, ich habe keine Socken mehr. Meine Lieblingsleggings ist nicht da! Ich ziehe die Jeans nicht an. Oder *Schatz, hast du mein Hemd gebü-gelt? Ich habe doch heute Abend das Businessmeeting.*

Roooar! – mag es da in deinem Inneren grollen. Vielleicht antwor-test du: *Boah, macht es doch selber. Ich habe es nicht geschafft.* Ja, auch solche Situationen kennen wir zur Genüge. Um solche Momente zu umgehen, raten wir dir zu festen Wäschetagen oder -zeiten. So herrscht in der Schublade keine gähnende Leere und du musst dich nicht durch Wäscheberge wühlen. Weder beim Einräumen in die Maschine noch beim Abhängen, Falten und Wegräumen.

Manchen Mamas hilft es, wenn sie wissen: Montag und Donnerstag wasche ich. Ich terminiere es so, dass ich die Maschine gleich ausräumen und die Wäsche aufhängen kann. Das kann bedeuten, die Waschmaschine gleich nach dem Aufwachen einzuschalten und die nassen Klamotten auszuräumen, wenn die Kinder in Kita und Schule sind. Andere Mamas drücken den Einschaltknopf lieber vor dem Abendbrot und kümmern sich um die nasse Wäsche, sobald die Kids schlafen. Finde da deinen eigenen Rhythmus.

Trage die Wäschetage gleich in euren Wochenplan ein. So behältst du nicht nur den Überblick, sondern kannst gleich ein, zwei oder auch drei Maschinen an deine*n Partner*in abgeben. Sein Hemd kann er dann gleich mitbügeln – und du kannst in dieser Zeit die Füße hochlegen.

Tipp 3: Lieber zwei Großeinkäufe statt fünf kleine

Einkaufen kann zum echten Zeitfresser werden. Vor allem wenn du die Kinder an der Spielzeugabteilung vorbeischleusen und in Höhe der Quengelware zum gefühlt hundertsten Mal sagen musst, *Nein, auch das kaufe ich nicht.* Das kennst du, oder? Vermutlich auch den Gedanken: *Hölle! Das mache ich so nie wieder!*

Deshalb empfehlen wir: Plane zwei Großeinkäufe ein. Das ist effektiver und zeitsparender, als mehrmals wenig einzukaufen. Erledige mindestens einen der Einkäufe alleine – oder gib die Aufgabe mit der damit verbundenen Verantwortung gleich ganz an deine*n Partner*in ab. Besprecht in der Wochenplanung, was es wann zu essen geben wird, wer wann einkaufen soll und tragt das in euren Wochenplan ein.

Denke an einen Einkaufszettel – egal, ob ins Handy getippt oder klassisch auf Papier gekritzelt. Vielleicht kannst du für den ein oder anderen kleinen Einkauf, der trotzdem nötig wird, mal dein Kind losschicken – natürlich je nach Alter und deinem Bauchgefühl. Vielleicht dann, wenn ihr spontan Besuch habt und noch Eisnachschub verlangt wird. Wir denken: Kinder wachsen mit jeder Aufgabe und du bekommst Stück für Stück ein wenig Freiheit zurück.

Tipp 4: Nutze den Abend!

Wir haben gemerkt: Der Tag startet für uns leichter, wenn wir morgens auf dem Weg zur Kaffeemaschine freie Bahn haben. Wenn wir eben nicht gleich über Spielzeug, Stifte, schmutzige Wäsche oder die dreckigen Teller vom Abendbrot stolpern. Ansonsten fragen wir uns schon direkt nach dem Aufstehen: *Wann soll ich das denn bitte aufräumen?* oder sind – je nach Chaosgrad – morgens schon verstimmt.

Deshalb raten wir dir: Versuche, abends ein wenig Klarschiff zu machen, auch wenn es nur zwanzig Minuten sind. Schmutzige Teller landen gleich in der Spülmaschine, dreckige Socken wandern in den Korb, das Kinderzimmer wird zumindest wieder in den betretbaren Zustand gebracht. Binde dein Kind vor dem Schlafengehen ein und macht das gemeinsame zehnminütige Aufräumen am Abend zu einem Ritual.

TIPP BEI „KLAMOTTENMÄKLER*INNEN"

Falls du öfter Sätze hörst, wie *Die Hose ist zu eng, Die Jeans fühlt sich nicht gut an* oder *Mama, die Unterhose klemmt*, dann lass dein Kind seine Klamotten für morgen doch abends selbst rauslegen. So kann es darüber selbst entscheiden und damit auch ein Stückchen Verantwortung übernehmen. Bei Kindern, die nur bestimmte Kleidungsstücke gerne mögen, ist das ein echter Streitvermeider.

Wenn du weißt, dass du am nächsten Morgen zügig losmusst, dann lege doch jetzt schon deine Klamotten und die für deine Kinder raus, stell die Frühstücksteller auf den Tisch und platziere den Schulrucksack oder den Kitabeutel schon einmal an der Tür. Alles, was du zügig abends erledigen kannst, verschafft dir morgens Freiraum und einen entspannten Start in den Tag!

Tipp 5: Mache Zeitfresser zu Pausen-Gewinnern

Das Telefonat mit der Großtante dauert wieder etwas länger? Die Wartezeit in der Kundenhotline beträgt heute 20 bis 30 Minuten? Der Handwerker oder die Freundin kommen unpünktlich? Nutze diese Zeiträume. Wie? – Ganz einfach: Wir räumen z. B. nebenbei auf. Kopfhörer rein oder Telefon zwischen Ohr und Schulter geklemmt – und los geht's. Das sind manchmal zehn bis 15 Minuten, die Gold wert sind. Nebenbei die Toilette geputzt, das Geschirr in die Spülmaschine geräumt oder das Bett gemacht. Geht alles. Auch leise.

Und falls du unverhofft Wartezeiten hast, nutze sie für alles, was anfällt. Zum Beispiel für den Anruf beim Arzt oder die Bestellungen für den Kindergeburtstag. Oder teile dir diese Zeit ein: zehn Minuten aufräumen, zehn Minuten Me-Time. Denn da wollen wir ja schließlich mit dir hin: Mehr Zeit und Ruhe für dich – mit einer gut getimten Familienstruktur.

EIN SCHRITT NACH DEM ANDEREN

Bitte verzweifle nicht, falls die Dinge noch nicht so klappen, wie du es dir vorgestellt hast. Gehe Schritt für Schritt. Mit Geduld. Erwarte bitte nicht zu viel von dir oder anderen. Es ist wirklich niemand von uns perfekt.

Die richtige Kommunikation ist eine Geheimwaffe

Wir Mütter haben oft das Gefühl, für 99 Prozent des Familienalltags und damit auch des Haushalts verantwortlich zu sein. Wir werfen mal die Frage auf: Bist du das wirklich? Oder steckst du vielleicht einfach in deiner Rolle als Familienmanagerin fest? Vielleicht hast du dich auch schon Sätze sagen hören, wie *Ich mache das mal eben schnell* oder *Nee, lass mal, ruh du dich mal aus* und hast dann – wie so oft – alles selbst gemacht: hier gewischt und dort gesaugt. Aus *mal eben schnell* werden leicht plötzlich 60 Minuten. Das ist Zeit, die dir dann an anderer Stelle fehlt.

Wie kannst du den Rest der Familie klug einbinden, auch wenn der vielleicht gar keinen Bock auf Aufräumen oder Organisation hat? – Achtung, anschnallen, jetzt geht's ans Eingemachte! Wir haben eine erste Aufgabe für dich: Ab sofort gehst du nicht mehr davon aus, dass das, was du von deinem Gegenüber erwartest, auf deiner Stirn geschrieben steht! Auch wenn du vielleicht felsenfest davon ausgehst, dass da eine bunte Leuchtreklame mit den Worten *Geschirrspüler ausräumen – JETZT!* hektisch hinter deinem Pony blinkt. Ein klares Nein dazu von unserer Seite. Deine Erwartungen bleiben leider für dein Gegenüber unsichtbar. Ab heute gilt: Sag, was du willst, dann bekommst du, was du willst.

Das mache bitte nicht in leiser, liebreizender – wir nennen sie mal – Mutti-Säusel-Art, z. B. *Würdest du bitte so nett sein, bei Gelegenheit den Geschirrspüler auszuräumen. Aber nur, wenn es gerade für dich passt. Ganz lieben Dank dafür. Hdgdl!* Nee, das wird nix! So nimmt dich keiner ernst und passieren wird so auch eher ... nichts. Mache klare und kurze Ansagen, die für alle verständlich sind, z. B. *Bis 14 Uhr räumst du bitte den Geschirrspüler aus und stellst dreckiges Geschirr hinein. Danke – ich freue mich!* Bei deiner Ansage achtest du darauf, dass dir der Empfänger deiner Message, deines Arbeitsauftrages, direkt in die Augen sieht. Verstärken kannst du deine Ansage noch, indem du denjenigen sanft an den Schultern berührst. Wie eine Stromleitung wird die Nachricht durch die Berührung direkt zum Empfänger geleitet. Ein Nicken des Gegenübers signalisiert dir: *Nachricht wurde erhalten und wird termingerecht umgesetzt! – PLING!* Nun hast du eine wichtige Kommunikationsbasis geschaffen. Dein Tag kann gelingen.

 ## Suche dir Unterstützung

Die nächste Aufgabe für dich lautet: Übe, zu delegieren! – Warum? So schaffst du dir echte Freiräume. Dein Ziel sollte es sein, dass du nur noch 50 Prozent dessen, was du sonst am Tag erledigst, selbst machen musst. Den Rest gibst du an das Netzwerk ab, das du dir aufbaust.

Schreibe dir eine Liste mit Menschen, die dich unterstützen können und füge hinzu, mit welchen Aufgaben du sie, in einer gewissen Regelmäßigkeit, beauftragen könntest. Deine Liste könnte zum Beispiel so aussehen:

Partner*in: schwere Einkäufe erledigen, Samstag früh mit den Kindern zum Schwimmen gehen

Oma und Opa: helfen uns einmal in der Woche, Mama kocht für uns, Papa holt die Minis aus dem Kindergarten ab

Schwiegereltern: ein Übernachtungswochenende für die Kinder im Monat

Patentante: ein Ausflug im Monat mit den Kindern

Mütter aus Kita und Schule: donnerstags holt Christine die Kinder ab und geht mit ihnen zum Turnen, im Gegenzug hole ich die Kinder freitags ab und karre sie in die Musikschule

Beste Freundin (ohne Kids): kommt einmal im Monat für einen Abend und bringt die Kinder ins Bett

TRAUE DICH, UM HILFE ZU BITTEN

Liebe Mama, wir möchten dich ermutigen: Bitte traue dich, andere um Hilfe zu bitten. Manchmal glaubst du vielleicht, alles alleine machen zu müssen. Unserer Meinung nach ist das ein großer Irrtum, denn nur gemeinsam sind wir stark. Vielleicht hast du keine Verwandten in der Nähe, die dich unterstützen können. Im Kapitel „Kita, Schule und Job" erzählen wir dir, wie du dir trotzdem ein Netzwerk aufbauen kannst.

Merkst du, was du hier machst? Du schaffst dir gerade dein eigenes Dorf. Das fühlt sich richtig gut an, oder? Du bist nicht alleine, auch wenn du das ganz oft denkst, deine Welt an manchen Tagen vielleicht nur noch schwarz ist und du unendlich müde bist. Rechne dir doch mal zusammen, wie viel Zeit du gewinnst, wenn du die Punkte auf deiner Liste delegierst. Dein Dorf kann dich auch unterstützen, falls ihr mal abends spontan eine Kinderbetreuung braucht.

So langsam solltest du wieder ein Lächeln im Gesicht tragen. Am Ende des Tunnels ist Licht zu sehen, in Form von kleinen Zeitfenstern für Sport, einen Spaziergang, ein Nickerchen oder ein Waxing deiner Unterschenkel, die vielleicht schon aussehen wie ein Labrador-Fell.

Sprich in den nächsten Tagen alle an, die dir helfen könnten. Übe, zu delegieren, auch wenn es dir am Anfang vielleicht schwerfallen mag. Los geht's! Und vergiss nicht – oft ist das Hindernis nur in unseren Köpfen. Wir haben die Erfahrung gemacht, dass viele in unserem Umfeld gerne helfen. Wir müssen sie nur fragen.

 # Schaffe dir eine Tagesstruktur

Schaue dir im nächsten Schritt doch mal deine Tagesstruktur an. Höchstwahrscheinlich kann sie noch optimiert werden. Unser Rat: Versuche jeden Tag zur gleichen Zeit und möglichst früh aufzustehen. Klingelt dein Wecker gewöhnlich um 6:20 Uhr, dann stellst du ihn ab morgen auf 6 Uhr. Gönne dir ein kleines Zeitfenster am Morgen ohne Partner*in und Kinder, dafür aber mit deiner Kaffeetasse oder einem Tee. Erst nachdem du dich um dich gekümmert hast, kümmerst du dich um die Familienorganisation. Schulbrote schmieren, Geschirrspüler einräumen, Betten machen oder – je nach Rhythmus – die Waschmaschine füttern. Bis 7 Uhr hast du dann schon so einiges geschafft.

Falls du nicht berufstätig bist oder etwas später zur Arbeit gehst, besuche doch mal den Supermarkt für einen eurer Großeinkäufe (falls du ihn laut Wochenplan übernimmst) gleich nachdem du deine Kinder abgegeben hast. Der Vorteil ist, dass gerade am frühen Morgen die Märkte noch nicht so stark besucht sind, sodass du mit der Abarbeitung deiner Einkaufsliste relativ schnell durch sein wirst. Einkäufe am Freitagnachmittag oder Samstagvormittag zu machen, sind für uns übrigens wahre Zeitkiller vom Familienkonto. Nutzt diese Zeiten lieber für gemeinsame Unternehmungen.

Wenn du um 8:45 Uhr mit dem Einkauf nach Hause kommst und die erste Waschmaschinenladung oder der Geschirrspüler schon durch ist, wirst du schnell feststellen, wie zufrieden du um 9:30 Uhr sein wirst, weil du schon alles weggeräumt hast. Du hast also richtig was geschafft, während sich andere um diese Uhrzeit gerade mal aus ihrer Bettwäsche schälen und den ganzen Kram noch vor sich haben. Jetzt ist das erste freie Zeitfenster für dich möglich! Wie wäre es mit einem Tee?

So, und nun weiter im Text! Was steht noch an für heute? Vielleicht musst du im Homeoffice noch einige Dinge bearbeiten? Wie sieht es aus mit der Buchhaltung? Hast du sonst noch offene

Posten, die dringend organisiert werden müssen? Dann ist jetzt Zeit dafür, bevor du dir wahrscheinlich so gegen 12:30 Uhr schon wieder Gedanken um das Mittagessen für deine Kinder machen musst. Eventuell werden sie aber auch im Hort oder der Kita mit Essen versorgt, sodass du noch etwas mehr Zeit für dich zur Verfügung hast. Vergiss aber nicht, dich selbst mit Essen zu verwöhnen. Ein kleiner warmer Snack tut auch deinem Mama-Bauch gut.

Egal, ob dein Mittag mit oder ohne Kinder verläuft: Ist die Brut dann irgendwann zu Hause angekommen, solltet ihr euch eine kleine Auszeit für euch nehmen. Zeit zum Kuscheln und Erzählen ist wichtig, bevor das Nachmittagsprogramm mit Hausaufgaben, Sportvereinen und Musikunterricht beginnt. Vielleicht möchte ein größeres Kind oder dein*e Partner*in den Part, Abendbrot zu machen, übernehmen. Dann hast du noch etwas Zeit für andere Dinge, bevor ihr das Familien-Abendprogramm startet. Als festes Ritual solltet ihr auch eine Elternzeit am Abend einbauen. Ein Gespräch und Liebkosen ohne Kinder sind wichtig für euch als Paar und lassen den Tag gut ausklingen.

ACHTE AUF DEINE GESUNDHEIT

Wir möchten dich um eines bitten: Vermeide, wenn es irgendwie möglich ist, schwer zu tragen, z. B. Kästen mit Mineralwasser. Dein Körper wird es dir später danken. Leider machen sich Beckenbodenprobleme erst ab dem 40. Lebensjahr bemerkbar. Du kannst jetzt schon dagegen vorbeugen, wenn du auf schweres Tragen und Heben verzichtest. Lasse dies z. B. deinen Partner, einen Nachbarn oder einen Bekannten übernehmen. Wenn das nicht möglich ist, dann finden wir die Option Wassersprudler immer noch top. Aber auch der Lieferservice ist unserer Erfahrung nach in der Regel nicht kostspielig.

Familienregeln wirken Wunder

Regeln wirken. Sie wirken noch besser, wenn sie schriftlich festgehalten wurden. Probiere deshalb doch mal Folgendes aus. Schreibe zu deiner Entlastung ein Mama-Gesetzbuch, dann wissen alle, woran sie sind. Solche Familienregeln könnten beispielsweise so aussehen:

§ 1 Ich bin nicht dafür da, den Müll und das Chaos, das meine Familie jeden Tag hinterlässt, wegzuräumen.

§ 2 Jedes Familienmitglied über fünf Jahre macht ab heute sein Bett selbst.

§ 3 Jedes Familienmitglied über acht Jahre trägt seine dreckige Wäsche selbst zur Waschmaschine und sortiert sie nach bunt und weiß in die entsprechenden Körbe ein. Wäsche, die dort nicht landet, wird nicht gewaschen.

§ 4 Ich bin nicht die Bespaßungsmaschine. Kindergeburtstage sind auch toll, wenn wir einfach Spielzeug im Garten auf den Rasen schmeißen und ich mit einer Tasse Tee dem Treiben von der Terrasse aus zusehe. Ich muss nicht für viel Geld zehn Kinder unter Schweißausbrüchen zum Porzellananmalen bringen, um mir dann noch das Genöle anzuhören, dass ein Kind viel lieber eine Müsli-Schüssel anstelle eines Frühstück-Tellers angepinselt hätte. Ich muss keine Mutti-Olympiade hinlegen mit perfekter Deko und liebevoll gepackten – und für sauteures Geld gekauften – Give-away-Tütchen. In der Regel werden diese doch sowieso schon bevor die Kinder nach Hause gekarrt wurden aufgerissen und der Inhalt maßlos (und zum Entsetzen anderer Mütter) regelrecht inhaliert.

§ 5 Unser Wohnzimmer wird ab heute nicht mehr mit Spielzeug vollgemüllt. Entweder verschwindet es in dafür bereit gestellten Körben oder im Kinderzimmer. Jeder Verursacher räumt das Chaos höchstpersönlich auf. Wenn das Kind jünger als zwei Jahre alt ist, kann es Hilfestellung von größeren Geschwisterkindern oder von uns Eltern bekommen.

§ 6 Jedes Familienmitglied räumt sein benutztes Geschirr selbst in die Küche.

Es fallen dir bestimmt noch sehr viel mehr Dinge ein, die du unbedingt in euren Familienregeln unterbringen möchtest. Es darf bunt und auch unterhaltsam werden! Freue dich jetzt schon mal auf die Lernkurve deiner Familie. Sie wird für alle extrem steil sein – vor allem bei Kindern in der Pubertät ohne frische Wäsche im Schrank!

VERGLEICHEN TUT NICHT GUT!

Vergleiche dich bitte nicht mit anderen Müttern. Es wird immer Frauen geben, die deiner Meinung nach alles viel besser machen und viel mehr haben als du. Andere sind nicht dein Maßstab! Du machst deine eigenen Regeln für dich und deine Familie und zwar so, dass sie für euch passen. Ihr könnt sie ausbauen, weiterentwickeln und auch wieder streichen. Regeln sind dafür da, dass alle sich daran halten und der Familienalltag dadurch erleichtert wird. Klappt das ganz wunderbar und du bist zufrieden mit der Situation, könnt ihr euch als Familie auch mal eine kleine Besonderheit zur Belohnung gönnen.

 ## Delegiere Aufgaben!

Du kannst einzelne Aufgaben im Haushalt an dein Kind bzw. an deine Kinder verteilen. Achte dabei darauf, dass jeder für seine Dinge selbst verantwortlich ist oder du alternativ auf jeweilige Vorlieben achtest. Denke immer daran, du bist keine gemeine Mutter, wenn du Aufgaben verteilst! Im Gegenteil, du traust deinem Kind etwas zu. Du machst es damit stark und kompetent für sein Leben und musst keine Sorgen haben, dass es, wenn es mal ausgezogen ist, in seiner ersten eigenen Bude im eigenen Müll erstickt.

Denke immer daran: Du bist die Basis. Du bist selbst dafür verant-wortlich, dass du nicht im Hamsterrad rennst und der Energieliefe-rant für die ganze Familie bist. Ziehe deshalb **jetzt** die Bremse! Pro-biere es, fang einfach mal an! Du schaffst das, ganz sicher!

AUSREDEN ENTLARVEN

Sollten Ausreden kommen, wie *Ich kann das nicht alleine!*, sag dir immer *Faulheit schafft Freizeit*. Und das ist inakzeptabel für die Familiengemeinschaft. Männer und Kinder schaffen ganz viel! Wir müssen das als Mütter und Partnerinnen aber auch zulassen und ihnen nicht immer alles gleich abnehmen, weil es dann besonders per-fekt ist oder besonders schnell geht.

 ## Eine Starthilfe für die Umsetzung

Wir kennen vermutlich alle diese Situation, wenn wir innerlich nicken, während wir in Zeitschriften oder Ratgebern kluge Erklärun-gen und Ratschläge lesen, die uns helfen sollen, z. B. unser Mindset auszubauen, unserer Beziehung frischen Wind einzuhauchen oder gelassen durch den Alltag zu kommen. Haben wir das Buch oder die Zeitschrift fertig gelesen und zur Seite gelegt – zack! – haben wir alle guten Vorsätze schnell vergessen, verdrängt … was auch immer, auf jeden Fall nicht umgesetzt. Fühlst du dich ertappt? Vielleicht musst du gerade grinsen. Hat dir unsere Idee mit den Familienregeln gefal-len? Wolltest du gleich daran gehen, deine Ideen aufzuschreiben? Und dann klingelte das Telefon, war deine Pause vorbei oder dein Kind hat dich unterbrochen. Hast du dir fest vorgenommen: *morgen, dann aber wirklich?*

Komm, lass uns das mal anders probieren! Wir fangen zusammen an, und zwar gleich heute. Schiebe nichts mehr auf, nimm es dir nicht vor, sondern setze es gleich um!

Beginne mit einem Leitsatz. Der passende Leitsatz im Hinblick auf die Organisation eures Familienalltags lautet: *Ich bin nicht für alles allein verantwortlich.*

Eine Familie ist ein Team, eine dynamische Gemeinschaft, bestehend aus mehreren Persönlichkeiten. Alle haben verschiedene Bedürfnisse und Wünsche. Das ist wunderbar! Nun gilt es, alle Familienmitglieder auch in alle Familienbereiche miteinzubeziehen – dazu gehört eben auch der Haushalt. Es gilt: Alle machen mit, alle sind dabei, alle leisten einen (altersentsprechenden) Beitrag dazu, das Familienzuhause in Schuss zu halten!

 ## Das alltägliche Chaos!

Wenn überall alles rumfliegt und du kaum hinterherkommst, Ordnung zu schaffen. So hilfst du dir selbst. – Was genau ist an diesen Sätzen so unglaublich verkehrt? Genau, darin wird gesagt, dass **du** hinterherkommen und Ordnung schaffen musst. Es gibt ausreichend Studien und Umfragen, in denen gezeigt wird, dass nach wie vor Mütter diejenigen sind, die zu Hause für Ordnung sorgen. Leider. Denn ganz logisch gesehen gibt es überhaupt keinen Grund dafür, dass Mütter das tun. Vermutlich stecken da doch noch alte Rollenklischees in unseren Knochen. Auf jeden Fall ist es so, dass wir uns genau dafür verantwortlich fühlen: Chaos beseitigen, Ordnung schaffen, Aufräumen. Vielleicht nickst du genau an dieser Stelle und denkst *Genau so!*

Löse dich bitte davon. Sofort. Möglicherweise liegt dir das Argument *Aber wenn ich es nicht mache, macht es keiner!* auf der Zunge Es mag sein, dass es bislang so war, aber auch das ändern wir jetzt. Schritt für Schritt. Gemeinsam.

Schritt 1: Rufe einen ehrlichen Familien-Stuhlkreis zusammen

Setz dich mit deiner Familie ganz bewusst zusammen – gerne regelmäßig zu einem festen Termin, z. B. wöchentlich oder monatlich. Jeder darf in eurem Familien-Stuhlkreis ehrlich sagen, was ihm für ein gemütliches und ordentliches Zuhause wichtig ist. Dabei ist es ganz wichtig, jeden einzelnen, auch die Kleinen, zu Wort kommen zu lassen und ernst zu nehmen. Denn nur wenn alle gehört werden und alle gemeinsam einen Plan erarbeiten, kann dieser auch eingehalten werden. Alle werden in die Verantwortung genommen und Ausreden zählen nicht, denn am Ende freuen sich alle – egal, ob Groß oder Klein – über ein schönes Zuhause und natürlich auch über eine entspannte Mama!

Schritt 2: Sorge für eine faire Aufgabenverteilung

Wenn jedes Familienmitglied erklärt hat, was ihm im gemeinsamen Zuhause wichtig ist, könnt ihr Aufgaben verteilen. Wichtig ist dabei, dass dies altersentsprechend erfolgt. Die Kleinen dürfen sich z. B. leichtere und zu ihrem Alter passende Aufgaben aussuchen, wie Tischdecken, beim Wäscheaufhängen helfen oder auch den Tisch nach dem Essen abwischen. Die Großen wiederum können Aufgaben übernehmen, wie Spülmaschine ausräumen oder auch mal Staubsaugen und Durchwischen.

Sinnvoll ist immer, die besprochene Aufgabenverteilung schriftlich festzuhalten! Das könnt ihr etwa auf der schon angesprochenen Kreidetafel in der Küche tun. Manche Familien basteln gemeinsam einen Familienplan. So ist jeder jederzeit informiert.

Schritt 3: Schaffe Routinen für euch!

Jedes Elternteil kennt das: *Mama, kannste mir mal eben meine Hose waschen? Ich will sie morgen anziehen* oder *Mama, ih, in meinem*

Zimmer liegen überall Krümel rum. Kannste nochmal kurz durchsaugen? Ich kriege doch nachher noch Besuch von Nele. Äh, ja ... Aus Kindersicht mag das absolut verständlich sein. Für uns Mamas hingegen ist so was einfach nur nervig. Immer alles auf Zuruf erledigen zu sollen, macht Stress und endet nicht selten im Chaos, weil wir eigentlich andere Sachen erledigen wollten. Routinen helfen dir nicht nur dabei, Ordnung zu schaffen, deine Kinder können zudem an den Routinen wachsen. Sie lernen, dass du nicht immer *mal eben schnell* alles erledigen kannst. Und sie erfahren auch, dass du nicht die Waschmaschine für eine einzelne Hose anstellen wirst – denn das ist ja nicht nur unökologisch, sondern auch teuer. Deshalb vereinbare mit deiner Familie für **alle** Haushalt-To-dos feste Zeitfenster. Das gilt nicht nur für die Wäsche oder die Einkäufe, auch für das Staubsaugen beispielsweise. Ihr könnt festlegen: Gesaugt wird jeden Tag, Sonntag übernehmen die großen Kinder das Saugen. Oder: Das Bad wird zwei oder drei Mal die Woche geputzt, einen Tag davon hilft ein Kind mit. Mit kleineren Kindern kannst du den Haushalt auch zusammen erledigen. So schaffst du eine verlässliche Routine für alle.

Schritt 4: Kontrolle abgeben

So wie wir Erwachsenen einen eigenen Raum brauchen, benötigen Kinder ihn auch. Wenn wir irgendwo auf Social Media wunderschön eingerichtete und geschmackvoll gestaltete Kinderzimmer erblicken, lächeln auch wir verzückt, klar! Dennoch entsprechen diese zauberhaften Räume so wenig der Realität wie unser Schlafzimmer den Schlummerkammern bei Instagram und Co. Unser Familiennest ist unser Lebensraum. Hier findet unser Alltag statt und das darf man sehen! Wir versammeln Dinge um uns herum, die wir brauchen, um uns wohlzufühlen.

LASS DEINE EIGENEN VORSTELLUNGEN LOS

Manchmal fällt es schwer, die Ordnung der anderen Familienmitglieder zu akzeptieren. Wir kennen das auch. Trotzdem raten wir dir: *Lasse deine Vorstellungen von Ordnung los.* Jeder hat seine eigenen Vorstellungen – dein Kind auch. Euer Wohnraum muss nicht perfekt aussehen wie eine durchgestylte Instagram-Wohnung. Auch die ist nur ein Ausschnitt aus dem echten Leben. Schmuddelecken und schmutziges Geschirr siehst du dort natürlich nicht! Loslassen schafft Raum.

Deshalb solltest du deinem Kind auch zugestehen, dass es sein Kinderzimmer so gestaltet, wie es das möchte. Einschränkend solltet ihr klare Abmachungen treffen: Dreckiges Geschirr wird weggeräumt, schmutzige Wäsche in den Wäschekorb gelegt, statt irgendwo rumgeworfen und der Schreibtisch sollte Platz für Hausaufgaben und Lernen bieten. Der Rest des Zimmers ist dann Kindersache. Wir raten dir: Lass los und übergib diese Verantwortung an dein Kind. Die großen Kinder schaffen das schon längst, bei den kleineren kannst du mit Rat und Tat zur Seite stehen und behilflich sein.

Hilfe, überall liegt Spielzeug rum!

Ja, Eltern kennen es alle: Da, wo wir sind, wollen auch die Kinder sein. Und mit den Kindern kommen auch deren Mal-, Lese- und Spielsachen. Sie folgen uns überall hin und hinterlassen nicht selten eine Spur der Verwüstung im Wohnzimmer, im Schlafzimmer, in der Küche, ja, sogar im Bad. So sehr wir die Nähe unserer Kinder lieben, so sehr sind wir es leid, ihnen am Ende alles hinterherräumen zu müssen, nämlich zurück in ihre Kinderzimmer. Da, wo der ganze Kram hingehört.

Unsere Erfahrung ist, dass das nicht nur mit den Kleinsten so ist. Nein, auch die Großen lassen ihre Sachen gerne fallen, wo sie gehen und stehen. Mit dem festen Glauben, *Mama macht das schon!*, ziehen sie davon. Auch hier geben wir dir ab jetzt ein dickes **S-T-O-P-P** mit auf den Weg, liebe Mama. Denn mal ganz ehrlich: Dieses Kinderspielchaos ist ein echter Nervfaktor und Zeitfresser.

Schritt 1: Eine spielzeugfreie Zone ist mehr als okay

Du entscheidest, wie du dein Zuhause gestalten möchtest, auch in Bezug auf den Spielplatz deiner Kinder. Es ist deshalb auch völlig in Ordnung, verbindliche Absprachen und Regeln einzuführen. Denn es geht ja nicht nur darum, dass sich die Kinder in ihrem Zuhause wohlfühlen, du dich auch! Dient das Wohnzimmer z. B. auch als Arbeitszimmer und ist räumlich begrenzt oder stört das Chaos euch Eltern einfach, sollten dort keine Kinderspielsachen herumliegen. Dafür darf im Kinderzimmer alles gemacht und ausprobiert werden – gespielt, gemalt, getobt.

Eine gute Lösung für uns ist, einen schönen, großen Korb mit Büchern und Kinderzeitschriften im Wohnzimmer zu platzieren. So haben die Kinder, wenn sie müde vom Spielen sind, unsere Nähe brauchen oder sich ein wenig ausruhen möchten, die Möglichkeit, sich allein oder gemeinsam mit einem Buch auf dem Sofa zu lümmeln. Das gilt nicht nur für die Kleinen. Auch für die größeren Kinder sollte etwas bereitstehen. Manchmal brauchen auch sie einfach einen nahen Moment. Das kennst du ja vermutlich. Nach der Lesestunde können Bücher und Zeitschriften blitzschnell wieder im Korb verschwinden.

Schritt 2: Unterstütze dein Kind, aufräumen zu lernen

Wenn ihr Eltern festgelegt habt, dass das Wohnzimmer allen offensteht und auch zum Spielen und Toben genutzt werden darf, dann können das auch alle nutzen. Die Großen dürfen sich hier mit anderen Kindern aufhalten, wie auch die Kleinen. Dennoch darfst du dir danach wieder Ordnung in diesem Bereich wünschen. Wenn zu Ende gespielt wurde, ist aufräumen angesagt.

Wichtig ist hier zu wissen, dass Kinder erst lernen müssen, aufzuräumen. Wenn sie noch klein sind, haben sie noch kein Gespür dafür, was ordentlich ist und sie wissen erst recht nicht, was deine Vorstellung von Ordnung ist. Deshalb brauchen sie Unterstützung dabei. Eine gute Möglichkeit, Ordnung als festes Prinzip einzuführen, besteht darin, in jedes Zimmer (Wohnzimmer, Küche, Bad etc.) eine Spielkiste zu stellen. Nach dem Spielen (oder am Abend) sollten die Spielsachen wieder darin verschwinden, damit genug Platz für alles andere ist. Räumt zuerst gemeinsam auf, damit dein Kind sieht, wie es geht. Bald schafft es das dann allein – die Großen natürlich erst recht.

Nimm deine Familie in die Pflicht!

Eine so typische Situation: Du freust dich nach der Arbeit auf einen leckeren Milchkaffee, öffnest den Kühlschrank – Milch leer. Bevor ihr zum Kinderturnen loszieht, musst du noch mal schnell auf die Toilette – kein Klopapier auf der Rolle. Nach der morgendlichen Dusche greifst du zum Handtuch – keines an deinem Haken.

In diesen Momenten sind wir oft total genervt, weil wir es rücksichtslos finden. Wir ärgern uns richtig und rufen vielleicht auch mal kurz laut *Nicht schon wieder, man!* Einerseits fehlt uns akut etwas, das wir dringend bräuchten; andererseits ärgert es uns maßlos, dass es keinen kümmert und sich alle stillschweigend darauf verlassen, dass Mama schon für Nachschub sorgen wird. Geht es dir auch so? Dann lass uns gemeinsam etwas dagegen tun!

Schritt 1: Schluss mit Zurufen!

Es ist im Alltag wahnsinnig schwer, den Überblick darüber zu bewahren, was z.B. im Kühlschrank fehlt. Schließlich bedeutet eine mehrköpfige Familie viele verschiedene Wünsche und Geschmäcker. Schnell ist etwas aufgebraucht und fehlt dem anderen. Deshalb ist es sinnvoll, (wieder mal) einen Planer, eine Kreidetafel o.Ä. an die Küchenwand oder an den Kühlschrank zu hängen. Wer den letzten Liter Milch öffnet, notiert Milch auf der Liste. Wer nicht schreiben kann, malt eben oder bittet einen Größeren um Unterstützung. Alle tragen die Verantwortung dafür, dass genug für alle da ist. Mache Schluss mit dem Zurufen zwischen Tür und Angel *(Mama, kannste mal Kekse mitbringen?)*, wenn du gerade in deine Jacke schlüpfst, um einkaufen zu gehen. Es gibt einen festgelegten Platz, an dem all das vermerkt werden kann. Diese Liste vereinfacht das – strukturierte – Einkaufen sofort.

Schritt 2: Alle sorgen für Nachschub!

Eine wichtige Regel im Zusammenleben: Wer etwas aufbraucht, etwa das Toilettenpapier, sorgt selbst für Nachschub. Ganz einfach. Und ohne Ausreden. Deshalb müssen Hygieneartikel und auch Handtücher an einem Ort gelagert werden, an den auch die Kleinen herankommen. Dann ist es ganz einfach: Klorolle leer – ab damit in den Papierkorb – neue auf den Klorollenhalter. Fertig! Dabei solltest du natürlich unbedingt darauf achten, als gutes Beispiel voranzugehen und dich an diese Abmachungen zu halten.

Es ist sinnvoll, wenn gemeinsame Absprachen getroffen werden, an die sich alle Familienmitglieder halten. Diese Absprachen können natürlich gemeinsam immer wieder verändert werden. Auf diese Weise schafft ihr feste Strukturen in eurem Familienalltag. Ganz wichtig ist auch deine Haltung dazu: Du bist nicht für alles allein verantwortlich. Aufgaben können und sollten aufgeteilt werden.

ALLE MACHEN MIT!

Vergiss nicht: Du darfst Verantwortung abgeben und alle dürfen mithelfen! Das gilt auch für die Kleinen. Die Verantwortung sollte natürlich jeweils dem Alter entsprechen und „mitwachsen".

Binde dein Kind dabei ein. Alle am Familientisch dürfen ihre Wünsche, Meinungen und Vorschläge frei äußern und alle anderen hören zu. Gemeinsam schaut dann die ganze Familie, wie verlässliche Absprachen getroffen werden können, an die sich alle halten können.

Noch ein Tipp: Plant dabei realistischerweise eine gewisse Großzügigkeitsspanne ein. Es wird nicht alles und nicht sofort klappen.

 ## Dein Weg aus der Perfektionismus-Falle

Wenden wir uns einem Thema zu, das wir als irre wichtig erachten: Perfektionismus. Kennst du, oder? Neben der ganzen Arbeit, die rund um die Familie sowieso anfällt, kommt der eigene Perfektionismus noch oben drauf. Er stresst zusätzlich, frisst Energie und sorgt dafür, dass du nicht abschaltest oder dir Zeit für dich selbst nimmst.

Aus dem Austausch mit unseren MutterKutter-Leserinnen, mit Judiths Patientinnen, mit Kerstins Nachsorge-Mamas und mit Isabels Mama-Coachees wissen wir, dass wir damit nicht alleine stehen. Viele Mütter funktionieren im Alltag einfach. Als wäre das nicht genug, finden sie häufig keinen Ausweg aus dieser Spirale und der Perfektionismus schlägt Tag für Tag gnadenlos zu: Der Teppich ist nicht gründlich genug gesaugt, die Hemden sind nicht faltenfrei gebügelt, oben auf dem Schrank ist es voller Staub und eigentlich wäre es doch besser gewesen, etwas Gesünderes zu kochen. – Kennst du solche Gedanken und Überlegungen aus deinem Alltag? Willkommen in der Perfektionismus-Falle! Wir möchten dir da raushelfen!

ENTSPANNUNG IM CHAOS?

Kennst du Menschen, die sich inmitten des größten Chaos entspannen können? Unsere Männer sind zum Teil solche Exemplare. Selbst wenn unsere Wohnzimmer einem Trümmerfeld gleichen, können sie sich auf das Sofa lümmeln und in aller Ruhe Serien schauen. Und ganz ehrlich: Wir bewundern sie dafür, ihre eigenen Bedürfnisse so ernst zu nehmen. Sobald wir Chaos sehen, setzt bei uns allen meist ganz automatisch ein „Ich muss das beseitigen und zwar jetzt"-Reflex ein. Wir fangen dann direkt an, aufzuräumen, auch wenn wir genau wissen, dass wir vor allem eines bräuchten: das Sofa und unsere Ruhe.

Was ist Perfektionismus eigentlich genau?

Doch was genau ist Perfektionismus eigentlich? Der Begriff beschreibt das getriebene und übertriebene Streben danach, alles perfekt zu machen. Perfektionismus kann in zwei Richtungen arbeiten: Zum einen kann es sein, dass dich dein Perfektionismus zur Vollkommenheit antreiben möchte, also dazu, einen (unerreichbaren) Zustand zu erlangen, der deinen oder den Erwartungen anderer entspricht. Zum anderen meldet sich dein Perfektionismus oft auch dann, wenn er dich mit allen Mitteln davor bewahren möchte, Fehler zu machen.

Eines ist ganz wichtig: Perfektionismus ist nicht per se schlecht. Er kann dir helfen, über dich hinauszuwachsen. Aber immer dann, wenn du das Gefühl hast, nicht mehr diejenige zu sein, die darüber entscheidet, wann Perfektionismus Raum bekommt und wann nicht, darfst du etwas verändern, denn du allein bist die Gestalterin deines Lebens.

So wirkt sich Perfektionismus auf deinen Körper und deine Seele aus!

Wenn du ständig (oft unfreiwillig und unbewusst) versuchst, Unmögliches zu erreichen, dann macht das etwas mit dir, genauer gesagt mit deinem Denken, Fühlen und Handeln. Es setzt dich unter einen enormen Druck. Das führt zu Folgendem: Du fühlst dich schlecht und unzureichend, du schiebst manche Aufgaben quälend lange vor dir her, denn du befürchtest, ihnen nicht gerecht zu werden und vielleicht fällt es dir auch manchmal schwer, dich schon von eigentlich erledigten Aufgaben zu lösen, denn du hättest sie ja besser machen können.

Dein Körper erlebt durch den Perfektionismus enormen Stress, und Erschöpfung. Kopfschmerzen, muskuläre Verspannungen und Schlaflosigkeit sind einige der nicht zu unterschätzenden Folgen auf körperlicher Ebene. Perfektionismus ist darüber hinaus einer der Risikofaktoren für psychische Störungen, wie etwa Depressionen sowie Angst- und Zwangsstörungen.

Im Alltag bringt dich dein Perfektionismus dazu, dich klein zu machen. Immer und immer wieder pflanzt er die folgenden Zweifel und Gedanken in deinen Kopf: *Ich schaffe das nicht! Ich muss das schaffen, sonst ... Wie soll ich das nur schaffen?*

Und so werkelst und arbeitest du, und tust deutlich mehr, als dir guttäte. Aber du kannst nicht anders. Du funktionierst, selbst wenn dein gesamtes System so sehr nach Ruhe und Erholung schreit. Freude bereitet dir das Ganze schon lange nicht mehr. Wie auch. Es ist einfach (zu) viel. Das darfst du erkennen und benennen! Auch und gerade weil es wehtut, das anzuerkennen

Atme jetzt tief durch. Du bist nicht alleine. Wir laden dich zu einem Gedankenexperiment ein: Was wäre, wenn du dem Druck ein einfaches „gut genug" entgegensetzt? Was würde das in deinem Alltag verändern? Was würdest du (von dir selbst) denken und fühlen, und was würdest du anders machen? Stell es dir möglichst bildhaft vor – auch wenn es gerade weit weg erscheint. Denk z. B. an einen Kindergeburtstag. Du könntest sagen: *Wir hatten zwar keinen selbst gebackenen und verzierten Einhornkuchen, dafür haben den Kindern die Waffeln geschmeckt. Das war gut genug.* Im Haushalt: *Das Hemd ist nicht gebügelt, es hat sich glatt getragen. Das war gut genug.* Oder in der Küche: *Die Kinder haben eine Pizza gegessen. Das war für heute gut genug!* Und, ganz wichtig: *Nein, ich bin nicht perfekt. Ich bin gut genug!*

Warum ich? Gründe und Auslöser für Perfektionismus

Vielleicht fragst du dich an dieser Stelle, warum es mit dem Perfektionismus gerade dich getroffen hat. Schließlich kennst du genügend andere Mamas, die das ganze *Mama-Ding* leichter nehmen können. Einfach so. Das fühlt sich wahnsinnig unfair an. Die Ursachen für perfektionistisches Streben sind vielfältig. Spüre bei der folgenden Aufzählung doch mal genau hin: Fühlst du an einer oder mehreren Stellen eine Verbindung zu dir?

Hast du vielleicht ein geringes Selbstwertgefühl?

Der Grund für dein geringes Selbstwertgefühl könnte in Folgendem liegen: Wir alle haben eine Idee davon, wie viel wir als Mensch wert sind. Wie stark dieses Selbstwertgefühl ausgeprägt ist, hängt zu einem Großteil davon ab, mit welchen Bedingungen anderer Menschen unser eigener Wert im Laufe unseres bisherigen Lebens verknüpft wurde. Hast du beispielsweise eine Kindheit erlebt, in der du bedingungslose Liebe jenseits von Wenn-dann-Sätzen und Androhungen erlebt hast, ist es sehr wahrscheinlich, dass dich dein Selbstwert gesund durch das Leben trägt. Haben deine Eltern deinen Wert hingegen an Bedingungen geknüpft, dann hast du schnell gelernt, dass du nur etwas wert bist, wenn du etwas Bestimmtes tust. Auch bewertende Systeme, z. B. in der Schule, können aus deinem bis dahin leisen Verdacht *Ich bin nur etwas wert, wenn ich Leistung erbringe* eine innere Überzeugung gemacht haben.

Welche Vorbilder hast du? Welche Werte hast du (unbewusst) übernommen?

Wirf gedanklich einen Blick zurück auf die vertrauten Personen deiner Kindheit. Nimm dabei besonders diejenigen in den Fokus, die du selbst in einer Mama-Rolle erlebt hast. Wie haben sie ihren Alltag bewältigt? Wie war es um ihren Perfektionismus bestellt? Frage dich auch, welche Werte deine Eltern dir bewusst oder unbewusst mit auf deinen Weg gegeben haben und welche davon du noch heute in dir trägst, obwohl sie dir eigentlich gar nicht entsprechen. Als Kind werden die Menschen, die dich ins Leben begleiten, unweigerlich zu deinen Vorbildern. Auch, wenn sie ihrer Verantwortung dabei nicht immer gerecht werden.

Hier geht es übrigens nicht um Schuldzuweisungen, sondern um ein genaueres Hingucken und Verstehen. Das macht einfacher, die Auslöser deines Perfektionismus zu verstehen und den Weg aus der Perfektionismus-Falle zu finden.

Welche sind die eigenen und welche die gesellschaftlichen Erwartungen?

Wir leben im fortschrittlichen 21. Jahrhundert, dennoch sind es in der Mehrzahl aller Familien die Mütter, die – ungefragt und unverhandelt – einen Großteil der Haushalts- und Carearbeit übernehmen. Warum eigentlich? *Weil das eben so ist.* Was sich über Jahrhunderte in Form von Rollen(vor-)bildern manifestiert hat, sucht nun auch dich in Form von Erwartungen in deinem Mama-Alltag heim.

Wir sprachen bereits über Rollenklischees. Die Gesellschaft lässt alle Frauen und zumeist die Mütter, also uns, dich und ebenso deine Nachbarin, deutlich spüren, was sie zu leisten haben. Hinzu kommen noch all die Erwartungen an dich selbst, die dich treiben. *Ich muss einfach alles perfekt machen, sonst ... Sonst was?*

Es geht bei deinem Perfektionsstreben im Haushalt um so viel mehr als „nur" um ein ordentliches Zuhause. Es geht um dich, deine Ängste und deine innersten Themen. Der Perfektionismus tritt immer dann in dein Leben, wenn er dich schützen möchte: davor, dass du abgelehnt wirst, davor, dass du in Konflikte gerätst, davor, dass du Fehler machst und irgendjemand merken könnte, dass du doch nicht gut genug bist. – So gesehen ist Perfektionismus eine Schutzstrategie, die aus deinen bisherigen Erfahrungen heraus entstanden ist. Er ist für dich da!

Wann schlägt dein Perfektionismus zu?

All diese Faktoren haben das Fundament für deinen Perfektionismus gelegt. Ob und in welchen Situationen du aber tatsächlich perfektionistisch denkst, fühlst und handelst, ist von einer Menge aktueller Bedingungen abhängig, allen voran von deinem aktuellen Stresslevel. Zum Beispiel: Gerade war noch alles gut. Aber als du dein Kind bei der benachbarten Familie nach dem Playdate abholst, fällt dir auf, dass es bei dir nie so ordentlich aussieht. Schon gar nicht kurz vor dem Abendessen nach einem anstrengenden Tag. Schon fühlt er sich auf den Plan gerufen, dein Perfektionismus.

Es gibt auch weitere Komponenten von außen, die deinen Perfektionismus bedingen können. Schauen wir beispielsweise mal auf deine Familie. Vielleicht haben deine Eltern oder Schwiegereltern Erwartungen an dich, die du nicht erfüllen kannst oder möchtest. Vielleicht bist du in ihren Augen nicht die perfekte Hausfrau (wer ist das schon?) oder erziehst deine Kinder ganz anders, als sie es gemacht haben. Vielleicht bekommst du deshalb ständig komische Blicke oder hörst unangebrachte Kommentare. Das kann über Jahre Druck aufbauen und richtig stressen. Manchmal ist es auch der Arbeitgeber, der noch einen draufsetzt. Er erwartet mehr von dir, dabei gibst du doch schon alles. Auch das kann ein Stressfaktor sein. Du versuchst es allen recht zu machen, es privat und beruflich perfekt zu machen. Und da beißt sich die Katze in den Schwanz: Perfektionismus führt zu Stress, und Stress fördert perfektionistisches Verhalten.

Lass den Perfektionismus im Haushalt los

Starkes Ordnungsstreben ist nicht immer ein Überbleibsel der schmerzhaften Erfahrungen deiner Vergangenheit. Ordnungsliebe kann auch ein sehr berechtigter Teil deiner selbst erschaffenen Maßstäbe und damit ein Teil deiner eigenen Wertvorstellungen sein, die du dir über Jahre angeeignet hast, und die deinem angeborenen Grundbedürfnis nach Ordnung und Kontrolle entsprechen.

Wir alle haben dieses psychische Grundbedürfnis. Wie stark es ausgeprägt ist, ist hingegen sehr unterschiedlich. Es kann sein, dass du ein gewisses Maß an Ordnung in dir und um dich herum brauchst, um dich wohlzufühlen, mehr noch, um sein zu können, wer du wirklich bist. Schau also genau hin: Woher kommt dein Streben nach Ordnung? Entspricht es dir wirklich? Dann nimm es ernst und gib nicht auf, Wege im Alltag zu finden, um dieses Grundbedürfnis zu befriedigen. Gehört es nicht zu dir, dann lass uns die Sache im Folgenden gemeinsam angehen und den Perfektionismus loslassen!

KEINE SORGE DAVOR, LOSZULASSEN!

Dabei geht es nicht darum, dem Chaos in deinem Zuhause gegenüber gleichgültig zu werden! Es geht darum, dass du an den Punkt kommst, an dem du diejenige bist, die entscheidet, ob sie an dieser Stelle im Leben Perfektionismus an ihrer Seite haben möchte oder nicht.

Falls dich der Perfektionismus schon eine Weile begleitet und belastet, hast du vielleicht schon den festen Entschluss gefasst, ihm den Kampf anzusagen. Diese Motivation ist wertvoll und wird dir helfen.

Achtung, Falle! Du solltest unbedingt darauf achten, den Perfektionismus nicht perfektionistisch zu bekämpfen. So wie Perfektionismus Schritt für Schritt in dein Leben gekommen ist, darfst du den Weg zurück auch als Prozess verstehen. Das geht nicht von jetzt auf gleich, aber wir versprechen dir: Der Weg lohnt sich, er führt dich näher zur dir selbst und damit zu einer entspannteren und glücklicheren Mama. So gehst du deinem Perfektionismus an den Kragen:

Schritt 1: Lerne deine eigenen Werte und Bedürfnisse kennen!

Je besser du mit dir verbunden bist und weißt, was dir wirklich wichtig ist und was du wirklich brauchst, umso eher kannst du erkennen, wie viel Ordnung und Kontrolle du im Haushalt und in deinem Leben brauchst. Wie? Dafür kannst du die Arbeitsmaterialien im MutterKutter-Downloadbereich nutzen. Verborgen hinter diesen beiden QR-Codes findest du gut durchdachte Analysetools zum Thema Werte und Bedürfnisse sowie eine Anleitung zu deren Einsatz.

ZUM DOWNLOAD

https://mutterkutter.de/download-werteliste/

https://mutterkutter.de/download-beduerfnisrad/

Schritt 2: Sag Ja zu dir und Nein zu anderen!

Du kennst das: Deine To-do-Liste ist randvoll und du rennst durch den Alltag. Du bist gerade so richtig schön in Schwung und dann kommt da dieser eine Mensch mit dieser einen Bitte. Obwohl in dir alles Nein schreit, sagst du Ja. Schließlich wird es von dir erwartet und dieser Mensch braucht nun eben mal Hilfe. Aber dieses Ja zu der Person bedeutet in diesem Fall ein deutliches Nein zu dir selbst. Du verleugnest deine Bedürfnisse und damit einen wesentlichen Teil von dir selbst. Probiere doch einfach mal aus, Nein zu sagen. Es wird sich wahrscheinlich erst einmal unbequem anfühlen. Aber danach kommt die Freiheit, versprochen!

Schritt 3: Schau dir deine Ängste an.

Beobachte dich mal genau im Alltag: In welchen Situationen und unter welchen Bedingungen meldet sich dein Perfektionismus bei dir? Und wovor möchte er dich beschützen? Vor Ablehnung? Vor Konflikten? Vor der bitteren Erkenntnis, nicht genug zu sein? Auch wenn es wehtun kann, bleib diesem Gefühl auf der Spur. Solange deine Ängste unreflektiert im Untergrund aktiv sind, werden sie es sein, die dein Leben leben, statt dir selbst.

Schritt 4: Stärke deinen Selbstwert!

Wie du in deiner Kindheit behandelt wurdest, liegt nicht in deiner Verantwortung. Aber es liegt in deinen Händen, deinen Selbstwert zu entwickeln, damit du endlich erkennen kannst, was für ein wundervoller Mensch du bist. Ganz unabhängig davon, was du tust oder was du hast.

Wir wollen ganz ehrlich zu dir sein: Das passiert nicht über Nacht. Und nicht selten dauert es mehrere Monate oder sogar Jahre, um an deine eigenen tiefen, destruktiven Überzeugungen heranzukommen. Aber heute, jetzt, genau in diesem Moment, kannst du den ersten Schritt dorthin gehen. Dabei kann dich eine banale Spiegelübung unterstützen.

SPIEGELÜBUNG

Setze dich in einem ungestörten Moment vor einen Spiegel. Blicke dir selbst in die Augen. Ohne Wertung. Schau einfach, wer da zurückblickt. Wenn du dich wirklich sehen kannst, dann sag dir, dass du gut bist, so, wie du bist. Welche Reaktion erwartet dich? Ungläubiges Starren? Lachen? Tränen der Rührung? Alles darf sein und öffnet die Tür zu dir selbst.

Die Spiegelübung entfaltet ihren Zauber durch die Wiederholung. Bleib dran und sag es dir jedes einzelne Mal, wenn du dir im Spiegel begegnest. So lange, bis du es spüren kannst. Denn dann bist du bei dir angekommen. Du bist gut, so, wie du bist. Du verdienst bedingungslose Liebe. Du und dein Wert sind von keiner Leistung abhängig!

KITA, SCHULE UND JOB

Kita, Schule und Job unter einen Hut zu bekommen – das gleicht oft einem extrem großen Spagat. Kennst du auch das Gefühl im Kita- oder Schulalltag, dass du ständig unter Strom bist, gegen die Uhr arbeitest und trotzdem scheinbar niemandem gerecht wirst? Weder deinem Kind noch deinem Arbeitgeber gegenüber – von dir selbst ganz zu schweigen. Du versuchst, als Mama und als berufstätige Frau 100 Prozent zu geben, und trotz allem bleibt immer wieder irgendetwas auf der Strecke. Manchmal ist es nur eine kleine Sache, die im Familienalltag aus dem Takt gerät, und schon wackelt das ganze Konstrukt „berufstätige Mama". In diesem Kapitel erklären wir dir, wie du klassische Problemsituationen lösen und den Spagat zwischen deinen verschiedenen Aufgaben schaffen kannst.

 ## Wenn schon morgens nichts nach Plan läuft

Du kennst vermutlich auch diese Vormittage, an denen mal wieder nichts nach Plan läuft. An denen ein mühsam erschaffener Baustein, den du für einen reibungslosen Ablauf am Morgen brauchst, nach dem anderen umfällt. Dein Zeitmanagement – *für die Katz!* Stattdessen: Tränen, Wutanfälle oder Trödelei. Die Stimmung: schon morgens am Ende. Die Gefühle deines Kindes fahren Achterbahn – und deine irgendwann auch.

Ein anderes Morgenszenario: Dein Kind spielt und spielt, ist völlig in sich versunken. Darauf bist du eigentlich sehr stolz, nur: Warum muss das ausgerechnet jetzt sein, wo ihr doch gleich losmüsst!? Was passiert? – Du hast schon neun Mal gesagt, dass ihr jetzt Zähne putzen müsst. Ohne Erfolg. Beim zehnten Mal wirst du dann laut. Das wolltest du doch gar nicht. Nur ... – TICK! – ... dir sitzt – wie so oft – die Zeit im Nacken. – TACK! ...

Auch dieses Szenario kennst du wahrscheinlich: Du stehst unter Strom. Du fragst dich schon um sieben Uhr, wie du es schaffen kannst, dein Kind pünktlich in die Kita zu bringen, ob du rechtzeitig am Schreibtisch sitzen wirst und wann dieser Tag endlich zu Ende ist. Dazu kommt, dass du einfach wahnsinnig müde bist. Du hast schon wieder zu wenig geschlafen, weil dein Kind dich zu einer unchristlichen Uhrzeit geweckt hat, es in der Besucherritze lag oder du viel zu spät ins Bett gekommen bist. Schließlich standen ja noch Haushalt, Schreibtisch oder das Telefonat mit der besten Freundin an. Auch das muss ja mal sein. Das Ergebnis spürst du jetzt am Morgen: Du fühlst dich wie vom Lkw überrollt, hast keine Kraft mehr und kannst weder mit deinen Gefühlen noch mit denen deines Kindes entspannt umgehen. Vor allem dann nicht, wenn sich gefühlt eine Katastrophe an die andere reiht. Erst scheint dein Kind dich und deine unzähligen Bitten, doch endlich mal frühstücken zu kommen oder sich anzuziehen, nicht zu hören und dann fließen die Tränen, weil die Lieblingsjeans nach dem Waschen plötzlich kneift.

Und am Ende hörst du den Satz, vor dem du dich fürchtest, weil er euch im Zeitplan noch weiter nach hinten katapultiert: *Ich will nicht in die Kita!*

Dir stockt der Atem! Panik kriecht in dir hoch. Du weißt nicht, wie du deinem Chef erklären sollst, dass du schon wieder viel zu spät kommst. Du würdest gerne verstehen, was los ist, warum dein Kind so blockiert ... nur ... jetzt hast du keine Geduld mehr. *KAWUMMS!* Du wirst schon wieder laut. Und dann ist es da: dein schlechtes Gewissen. Du wolltest so doch nie sein: unentspannt und laut. Du fühlst dich vielleicht wie eine schlechte M ... *STOPP!* Genau an dieser Stelle sagen wir: *STOPP!* **Bitte atme tief ein! Genau jetzt! Halte dein Gedankenkarussell an!**

Vielleicht fühlst du es in solchen Momenten nicht, aber du bist ganz sicher eine tolle Mama. Wir möchten dir dabei helfen, auch in diesen herausfordernden Momenten in deiner Mitte zu bleiben, mehr Kraft und damit auch Geduld zu haben.

Bevor wir dir unsere Tipps an die Hand geben, möchten wir dir eine Atemübung zeigen, die du jederzeit machen kannst. Mit ihrer Hilfe wirst du ruhiger, kannst klarer sehen und am Ende auch die Gefühle deines Kindes besser einfangen.

ENTSPANNENDE ATEMÜBUNG

Schließe deine Augen, lege deine Hände auf deinen Bauch und atme richtig tief ein. So tief, dass sich dein Bauch weit nach außen wölbt. Deine Hände heben sich. Atme langsam und bewusst aus. Bis deine Hände sich wieder gesenkt haben. Stell dir vor, dass deine ganze Anspannung nach unten über die Beine aus dir rausströmt. Alle Gefühle fließen hinaus: all die Wut, die sich aufgestaut hat, all deine Gefühle, die sich mit denen deines Kindes vermischt haben. Verabschiede dich innerlich von ihnen und atme neue Energie ein. Fühle die Liebe in dir. Spüre die Liebe zu deinem Kind und zu dir selbst. Ihr seid wundervoll!

Wiederhole die Übung fünf Mal, öffne dann deine Augen und spüre in dich hinein. Dir sollte es nun ein bisschen besser gehen. Sauerstoff hilft in der Regel, so richtig loszulassen. Viele Studien haben gezeigt, wie wichtig frische Luft für unseren Körper und unseren Geist ist. Sie stärkt das Herz-Kreislauf-System, stimuliert unser Immunsystem, wirkt stimmungsaufhellend und reduziert das Stresshormon Cortisol.

Nun kann es entspannt und mit neuer Kraft weitergehen. Mehr Zeit, mehr Kraft, mehr du – das ist ja unser Motto. Wir möchten mit dir gemeinsam dein Familien-Sicherheitsnetz für den Alltag verstärken. Auf den nächsten Seiten schauen wir mit dir nicht nur klassische Situationen am Morgen an, sondern auch typische Fragen und Probleme, die in der Kita- und Vorschulzeit (und natürlich auch danach) auftreten können: Vom Ärger mit den Erzieher*innen, über Stress mit Freund*innen bis hin zu der Frage *Mein Kind ist krank, ich darf aber nicht mehr bei der Arbeit fehlen – was nun?* Los geht's!

 ## Fünf Tipps für entspannte Kita-Jahre

Auch wenn manchmal gefühlt von morgens bis abends ein Sturm der Gefühle weht, dein Alltag schleppender statt einfacher zu werden scheint – wir glauben daran, dass du es gemeinsam mit deiner Familie schaffen kannst, zu entschleunigen. Manchmal sind es die ganz kleinen Dinge, die große Wirkung zeigen.

HABE MUT UND VERTRAUE DIR SELBST!

Viele Mamas machen sich oft Vorwürfe: *Ich bin nicht gut genug. Ich war zu laut. Ich bin keine gute Mama, weil ich mein Kind angeschrien habe.* Wir möchten dir sagen: Wir alle machen Fehler. Kaum ein Mensch ist ewig geduldig. Wir sind schließlich Menschen und keine Roboter. Aus unserer Erfahrung heraus können wir sagen: Je mehr Zeit wir für uns haben, je weniger gestresst wir sind, desto entspannter sind wir nicht nur mit uns selbst, sondern auch im Umgang mit unseren Kindern. Deshalb legen wir den Fokus auf dich, deine Bedürfnisse und deine Zeit für dich. Jeden Tag kannst du ein bisschen an dir arbeiten und es jeden Tag ein bisschen besser machen! (Ver-) Zweifle bitte nicht an dir! Vertraue dir!

Tipp 1: Schaffe eine Morgenroutine gegen die Trödelei!

Kinder spielen, träumen, verlieren sich in ihrer Welt. Das ist toll! So ging es uns als Kindern auch – erinnerst du dich noch? Es hilft manchmal, sich selbst zu erinnern, um das eigene Kind besser zu verstehen. Aber bei allem Verständnis für selbstversunkenes Spielen und für Träumerei – schwierig wird es, wenn durch die Trödelei der ganze Zeitplan ins Wanken gerät. Dagegen helfen Routinen – das Thema hatten wir schon im Kapitel „Familienalltag". Durch regelmäßige Abläufe bekommen Kinder selbst ein Gefühl dafür, wie lange sie noch spielen können und wann es heißt: Los zur Kita. Probiere doch mal aus, folgenden Ablauf jeden Morgen einzuhalten: aufstehen, gleich anziehen, frühstücken (das hängt natürlich davon ab, ob dein Kind zu Hause oder in der Kita frühstückt) und anschließend Zähne putzen. Danach hat dein Kind Zeit zum Spielen. So lange, bis ihr losmüsst. Das könnten 20 Minuten sein, eine halbe Stunde oder länger. Das Schöne ist: Wenn du den Ablauf unter der Woche jeden Tag gleich gestaltest, bekommt dein Kind nicht nur eine Struktur an die Hand, sondern entwickelt auch ein Zeitgefühl.

Tipp 2: So reagiert dein ins Spiel versunkenes Kind garantiert auf dich

Kommt dir die folgende Situation bekannt vor? *Ziehst du dich bitte an! Zieh dich bitte ahaaan! Hallo? Hörst du mich?* Das Kind spielt ungerührt weiter. Du könntest dich wohl genauso gut mit einer weißen Wand unterhalten, denn das Kind reagiert einfach nicht. Du rufst und rufst. Über Räume hinweg. Mal in Zimmerlautstärke, mal lauter. Du machst selbst das Radio aus. Nix!

Wir haben die Erfahrung gemacht, dass du dein Kind direkt ansprechen musst, wenn du etwas von ihm willst. Das bedeutet: Hingehen, runterbeugen, in die Augen gucken und im Zweifel sanft an der Schulter berühren und dann in einem ruhigen Ton erklären: *Wir müssen uns jetzt fertig machen, ansonsten schaffen wir es nicht mehr rechtzeitig. Bitte komm, du kannst ja nachher weiterspielen. Deine Kita-Freunde freuen sich schon auf dich.* So unterbrichst du das Spiel sanft und weist darauf hin, dass es nun wirklich Zeit wird und ihr losmüsst. Alternativ kannst du auch mit deinem Kind ein Geräusch vereinbaren, das aufzeigt: Jetzt ist es Zeit, die Jacke anzuziehen, z. B. eine Glocke. Probiere doch mal aus, was für euch besser funktioniert.

Tipp 3: So bekommst du Antworten von deinem Kind

Viele Kinder sprechen den lieben langen Tag ohne Punkt und Komma. Nur dann, wenn du wirklich wichtige Fragen hast, gibt es oft keine Antworten. Das ist manchmal zum Verzweifeln.

Ich will nicht in die Kita! Vielleicht hörst du gerade diesen Satz im Moment öfter. So gerne du darauf vielleicht auf eingehen würdest: Das große Problem ist, dass du arbeiten musst und nicht einfach zu Hause bleiben kannst. Du spürst, dass dein Kind irgendetwas stresst, weißt aber nicht genau, was es ist. Scheinbar ist alles in Ordnung: Die Erzieher*innen sind lieb, dein Kind hat gute Freund*innen gefunden. Dennoch, es muss doch einen Grund geben, warum sich dein Kind auf die Hinterbeine stellt.

Wir haben uns schon oft mit unserer Fragerei die Zähne ausgebissen: *Was stört dich genau? Hat jemand was Doofes gesagt? Was ist passiert?* – Keine Antwort. Das lässt uns manches Mal verzweifelt zurück. Wir haben herausgefunden, dass Kinder irgendwann von alleine anfangen, zu erzählen. Und zwar dann, wenn sie so weit sind und wir ihnen Zeit geben. Meistens erfahren wir, was unsere Kinder beschäftigt, wenn sie den Tag hinter sich gelassen haben, sprich: beim Schlafengehen. Oft erzählen sie dann plötzlich von alleine. Oder wir stellen eine Frage und es sprudelt. Dann bekommen wir auch einen Eindruck von der aktuellen Lage oder gar Antworten auf die Frage, was denn los sei und was unsere Kinder so stresst. Antworten, die uns weiterhelfen und die wiederum weitere Gespräche unterstützen.

IMMER EIN GUTER TIPP, UM LÖSUNGEN ZU FINDEN

Übrigens, in ruhigen Situationen – etwa abends oder am Nachmittag – kannst du mit deinem Kind immer besser nach Lösungen suchen, um z. B. morgens schneller in die Kita zu kommen. Du kannst deinem Kind dann mit etwas Abstand erklären, dass ihr morgens pünktlich losmüsst und du dir von ihm wünschst, dass es kooperiert.

Tipp 4: So kannst du Probleme konstruktiv lösen!

Wir sprechen Themen und Probleme offen an und bleiben im Gespräch mit den Beteiligten! Wir haben die Erfahrung gemacht, dass reden immer hilft. Ob es nun die Erzieher*innen sind, mit denen wir sprechen müssen, weil wir selbst etwas auszusetzen haben – oder ob es andere Eltern sind, mit denen wir über Schwierigkeiten zwischen den Kindern sprechen möchten. Das Wichtigste ist, dass wir unsere Sorgen und Probleme offen ansprechen und nicht hinter dem Rücken reden. Das schafft im Zweifel nur Gräben zwischen einander und lässt Raum für Wut und Ärger. Gefühle, die uns wiederum Energie kosten – und das kostet wertvolle Kraft, die wir als Mamas im Alltag wiederum brauchen.

Wenn dein Kind plötzlich den Erzieher oder die Erzieherin doof findet oder du dich über sein bzw. ihr Verhalten geärgert hast: Sprich es an! Sei dabei ruhig und sprich in der Ich-Perspektive. Erkläre dich und dein Kind. Und versuche gemeinsam eine Lösung zu finden. Manchmal löst sich auch schnell alles in Luft auf, weil es ein Missverständnis gab. Das gilt auch für andere Eltern. Vielleicht hat dir dein Kind erzählt, dass es zum wiederholten Male von einem anderen Kind ausgeschlossen oder sogar beschimpft wurde. Gehe offen auf den anderen Elternteil zu, beschreibe deine Sicht der Dinge und höre dir die andere Seite an. Versuche, ruhig zu bleiben, auch wenn du sauer bist. Mache dir unbedingt klar: *Wir sind alle nur Menschen, jede Mama gibt ihr Bestes. Auch die, deren Kind haut!* Und oft löst sich ja alles in Luft auf.

Tipp 5: Schaffe ein schönes Zubettgeh-Ritual

Dein Kind ist eben noch fast am Esstisch eingeschlafen, du hast dich schon auf deinen wohlverdienten Feierabend um 19 Uhr gefreut und dann kommt es, wie es kommen muss: Das Abendbrot zeigt Wirkung, das Brot ist im Magen angekommen, die Energie zurück und dein Kind tanzt wieder fröhlich durch das Wohnzimmer! Es will jetzt weder den Schlafanzug anziehen noch Zähne putzen. Aus Sicht deines Kindes voll verständlich, aber für dich kann das ganz schön anstrengend sein. Wie wäre es denn mit einem schönen Abendritual bei euch, das die Zubettgeh-Zeit einläutet? Eins, auf das sich dein Kind so richtig freut. Zum Beispiel noch eine kleine Runde Memo-Spiel am Tagesende – bei dem Spiel kann dein Kind gut zeigen, was es drauf hat und sich darüber freuen, wenn es gegen dich gewinnt. Das sind nicht nur schöne Gefühle, sondern pusht auch das Selbstwertgefühl. Oder wie wäre es mit einer gemeinsamen Abenteuerreise durch den Tag? Ihr überlegt euch, was an diesem Tag alles passiert ist und du fragst dein Kind: Was war so richtig schön für dich heute und warum? Eine andere Möglichkeit: Hat dein Kind schon ein absolutes Lieblingsbuch mit mehreren Kapiteln? Dann lest doch Abend für Abend ein Kapitel und überlegt euch gemeinsam, wie es morgen weitergehen könnte. Das steigert die Vorfreude auf den nächsten Abend.

Und ja, ganz ehrlich. Wir finden es auch okay, wenn unserer Kinder am Wochenende vor dem Schlafengehen eine Folge ihre Lieblingsserie gucken. Das natürlich wohldosiert. Die Bedingung sollte sein, dass es eine Ausnahme ist. Dann ist die Freude größer und die Stimmung auch besser, wenn die Folge zu Ende ist.

 # Der große Virenalarm

Was kannst du tun, wenn die Kindkranktage ausgeschöpft sind und einfach keine Familie vor Ort ist? Keine Menschen, die mal kurz einspringen können, wenn Not am Mann ist? Wir alle kennen das, wenn die Kita aufgrund eines Noro-Virus' personell unterbesetzt ist, du selbst krank bist oder spontan länger arbeiten musst. Das kann ganz schön belastend sein. Frage dich im ersten Schritt, welchen anderen Eltern aus deinem Freundes- und Bekanntenkreis vertraust du? Welche Nachbarin ist herzlich und liebt Kinder über alles? Gibt es in deinem Umfeld ein älteres Ehepaar, das selbst keine Kinder hat, das warmherzig und verlässlich ist? Möglicherweise könnte dieses Paar ja für dich einspringen. Im Gegenzug könntest du einen Einkauf erledigen, bei der Gartenarbeit helfen oder einfach einen Sonntagskuchen backen. Eine große Hilfe ist sicherlich auch das Netzwerken in der Kita und in der Schule. Spätestens beim nächsten Elternabend nimmst du dir genau JETZT dieses Thema vor, z. B. so:

Du sagst Mamas, die mit dir offenbar auf einer Wellenlänge sind, nicht nur, wie du heißt. Du tauschst mit ihnen gleich Telefonnummer und Mailadresse aus. In der Regel kennen sich eure Kinder ja sehr gut und ihr Eltern habt euch sicherlich schon bei diversen Elternabenden oder Festen beschnuppert. Aus den Gesprächen, die sich meist im Gang beim Hinbringen oder Abholen ergeben, kennt man ja oft schon die Lebenssituationen anderer Familien. So kannst du konkret an dieser Stelle deine Hilfe anbieten, etwa indem du ihnen erzählst, dass du am Mittwoch immer ab 14 Uhr frei hast und gerne an diesem Tag zur Verfügung stehst für Mütter, die noch arbeiten müssen. Sie können gerne eine Nachricht an dich schicken, dann nimmst du das entsprechende Kind aus der Kita mit. Dazu könnt ihr euch gleich alle gegenseitig die Abholgenehmigungen erteilen, damit die Kinder auch mitgehen dürfen. Mamas sitzen doch alle im gleichen Boot. Lasst uns gegenseitig vertrauen. Wir müssen uns nicht erst zig Mal zum Kaffee verabredet haben, damit wir anderen Müttern unser Kind mitgeben.

Wenn wir uns grundsätzlich sympathisch sind, sollte das doch ausreichend sein.

Weißt du, was wir super finden? – Offenheit und Ehrlichkeit! Erzähle anderen Mamas frei von der Leber weg, wie es bei dir aussieht: dass du einen stressigen Job hast und dein Mann in Köln arbeitet, während ihr in Hamburg wohnt. Bitte andere Mütter darum, dass sie auch dir unter die Arme greifen. Montags ist es bei dir immer besonders brenzlig, weil so viel auf dem Schreibtisch liegt. Könnte da jemand behilflich sein?

Kannst du die Kraft des Netzwerkens jetzt schon wahrnehmen? Es wird ein erleichterndes, tiefes Durchatmen zu hören sein. Du wirst die Heldin des Elternabends sein. Endlich mal eine Mutter, die mit einem konstruktiven Vorschlag um die Ecke kommt, wie wir uns gegenseitig das Leben erleichtern können. Dazu noch eine Frau, die zugibt, dass sie arbeiten muss und der das nicht peinlich ist, öffentlich um Hilfe zu bitten.

Die Umsetzung

Hast du die erste Hürde genommen und oben genannten Tipps berücksichtigt, nimm dir eine Stunde Zeit, um eine Liste oder eine WhatsApp-Gruppe aller interessierten Eltern zu erstellen, die im Notfall mit anpacken würden. Damit kannst du mit anderen Eltern gemeinsam leichte Krankheitsfälle – und vor allem Brückentage – galant und ohne Horror managen. Damit hast du schon einen großen Organisationsteil für alle mit übernommen. Das ist großartig!

So findest du in kurzfristigen Notfällen eine Lösung

Ein typischer Morgen, wie wir alle ihn kennen: Gestresst und mit Schweißausbrüchen schleppst du dein verrotztes Kind zum Kindergarten, die Zeit sitzt dir im Nacken. – TICK! – Der Routenplaner hat dir schon einen fetten Stau angekündigt. Gleich wirst du dich hinten anstellen, um zur Arbeit zu kommen. – TACK! – Endlich ist die rettende Eingangstür der Kita ist erreicht, aber mehrere Zettel, die an der Tür kleben, sind ein wahrer Schlag ins Gesicht!

Variante A:
Zettel Nummer 1: *Wir haben Rota-Viren!*
Zettel Nummer 2: *Wir haben Hand-Mund-Fuß!*
Zettel Nummer 3: *Bei drei Kindern sind Läuse festgestellt worden, bitte kontrolliert die Köpfe eurer Kinder.*

Variante B:
Ein großer Zettel hängt an der Tür: *Wir haben aufgrund der vielen Grippefälle heute und morgen eine Notgruppe eingerichtet. Bitte lasst eure Kinder zu Hause oder holt sie spätestens nach dem Mittagessen ab. Wir behalten uns bei weiteren Krankheitsfällen vor, die Kita morgen ganz zu schließen.*

Bei beiden Varianten brüllst du wahrscheinlich jetzt mal kurz *Scheiße!*

Bei Variante A könnten deine Gedanken folgendermaßen aussehen: *Super! Kann ich mir hier zwischen Variante 1 bis 3 etwas aussuchen? Oder können wir auch alles sofort haben? Dann sind wir für die nächsten Monate damit durch. Was mache ich denn jetzt? Ich muss doch zur Arbeit, Mist.*"

Bei Variante B denkst du vielleicht: *Horror, die Grippe. Die wollen wir nicht auch noch haben. Wenn ich das schon lese, Notgruppe. Na, super! Wie soll ich meinem Arbeitgeber nur erklären, dass ich heute um 12 Uhr schon wieder das Büro verlassen muss?*

Und jetzt?

Falls du selbstständig bist und deine Zeit aktuell sogar flexibel einteilen kannst oder in Teilzeit arbeitest und heute deinen freien Tag hast, dann raten wir dir: Nimm deine Kinder wieder mit nach Hause. Geht allen Viren und Bakterien prophylaktisch aus dem Weg und macht euch schöne Stunden.

Wenn du auf jeden Fall zur Arbeit musst, dann raten wir dir im ersten Schritt: Kontaktiere dein engeres Netzwerk. Verwandte, Freund*innen, Nachbar*innen. Wenn die Situation allerdings so aussieht, ...

- Oma und Opa sind im Urlaub,
- die beste Freundin ist hochschwanger und steht kurz vor der Entbindung,
- die Nachbarin bzw. der Nachbar ist krank,
- dein*e Partner*in ist auf Dienstreise,

... dann nutze das Netzwerk aus Kita-Eltern, das du geschaffen hast. Schreibe in eure WhatsApp-Gruppe und frage, wer akut helfen kann. Telefoniere dich mit anderen Müttern zusammen und schaue, wer die Betreuung in dieser brenzligen Situation spontan übernehmen könnte. Mit großer Wahrscheinlichkeit wirst du vor der Kita-Tür auch auf andere betroffene Eltern treffen. Dann könnt ihr euch spontan abstimmen. Organisiert euch untereinander! Vielleicht musst du heute arbeiten, eine andere Mutter aber erst wieder übermorgen. Sie übernimmt zwei Tage dein Kind und ihr tauscht, falls die Kita länger geschlossen bleibt. Alternativ kannst du auch anbieten, dass du ihr Kind mal am Wochenende, an anderen freien Tagen oder nachmittags mitnimmst. So verschafft ihr euch gegenseitig Luft und vielleicht sogar ein bisschen Freizeit. Das entspricht unserem Motto: Gemeinsam sind wir stark!

Dein Kind ist krank! Das sind deine Rechte

Häufig zeigen sich ja schon am Abend oder in der Nacht erste Krankheitszeichen, wie Fieber oder Erbrechen. Was kannst du tun? Wir raten dir zu einer Krankmeldung. Rufe jetzt bei deinem Arbeitgeber an und melde dich „kindkrank" und zwar ohne schlechtes Gewissen! Laut § 45 SGB (Sozialgesetzbuch) V kann jeder Elternteil mit einem entsprechenden ärztlichen Zeugnis zehn Tage pro Jahr für sein erkranktes Kind freinehmen. Diese Regelung gilt für Kinder, die unter zwölf Jahre alt sind. Es gelten Ausnahmen für Kinder mit Behinderung oder auf spezielle Hilfen angewiesene Kinder. Was wiederum viele Eltern nicht wissen, ist, dass diese Regelung auch für Stief- oder Adoptivkinder gilt. Wenn du mehr als zwei Kinder zu betreuen hast, besteht sogar der Anspruch auf 25 Tage Krankmeldung. Wenn du alleinerziehend bist, stehen dir pro Jahr für das erste Kind 20 und ab dem zweiten Kind 50 Tage an Krankmeldungen pro Jahr zu.

ZU WENIGE KINDKRANKTAGE?

Wenn diese Tage für dein erkranktes Kind nicht ausreichen, dich dein Arbeitgeber aber sehr schätzt, hat er bestimmt für deine Situation Verständnis. Gemeinsam findet ihr sicherlich eine Lösung, z. B. Home-Office. Wir setzen auch in solchen Momenten auf Ehrlichkeit und Gespräche. Oft ergeben sich daraus tolle Lösungen.

Lass dein Kind unbedingt gesund werden

Wir haben eine dringende Bitte: Wenn dein Kind erkrankt ist, lasse es bitte auch krank sein. Wir haben die Erfahrung gemacht, dass manche Eltern ihre Kinder immer wieder krank in die Kita schicken. Bitte lasse dein Kind wirklich gesund werden, bevor du es wieder in die Betreuung gibst. Morgens fiebersenkende Mittel zu geben, wird sich bitterlich nach spätestens drei Stunden rächen und die Kita ruft dich an. Dann hast du noch mehr Stress, als wenn du morgens schon die Entscheidung getroffen hättest, dass alle zu Hause bleiben. Ein krankes Kind braucht Ruhe und Erholung, ein paar Hörspiele, vielleicht sogar ein bisschen Fernsehen und eine Mama, die sich Zeit nimmt, sich mit Teetasse, abschwellenden Nasentropfen und Bilderbuch mit ins Bett zu legen und zu kuscheln. Schläft dein kranker Schatz, klappst du deinen Laptop auf dem Sofa auf und arbeitest. Alternativ kannst du auch einfach selbst ein Nickerchen machen, falls die Nacht vielleicht sehr kurz war.

ALLE HABEN WAS DAVON

Sich die Zeit zu nehmen, bis das Kind wieder richtig gesund ist, ist sinnvoll. Davon hat nicht nur dein Kind was, sondern auch alle anderen. Oft breiten sich Krankheiten wie Magen-Darm-Infektionen in Einrichtungen erst so richtig aus, weil die 48 Stunden Ruhe zu Hause nach Abklingen der Symptome nicht eingehalten wurden. Auch dabei geht es um ein Miteinander unter uns Mamas und um Respekt gegenüber den Erzieher*innen. Nur wenn wir vorleben, dass wir aufeinander achten, kann das auch in einer Gemeinschaft gelingen.

Schaffe dir ein dickes Fell an

Egal, ob dein*e Vorgesetzte*r rummosert, warum du denn jetzt schon gehen musst oder ob deine kinderlosen Kolleg*innen schon wieder tuschelnd in der Kaffeeküche stehen und über dich reden, weil du zwei Tage mit deinem kranken Kind zu Hause warst, ganz ehrlich, lass es dir völlig – Pardon! – *WURST* sein. Dein Job ist sehr wichtig, ja! Er ernährt euch. Er macht dir vermutlich Spaß. Du hast vielleicht Erfolg. Das sind alles wichtige Argumente, die zählen und für dich sprechen. Es gibt aber Ausnahmen im Leben, wie zum Beispiel ein krankes oder verletztes Kind. Auch deine eigene Gesundheit und dein Wohlbefinden sind wichtig. Beides geht vor! Wo wir doch gerade bei der Ehrlichkeit sind: Niemand dankt es dir später, wenn du dein krankes Kind aufwendig woanders unterbringst oder dich selbst krank zur Arbeit schleppst. In ersterem Fall holt dich wahrscheinlich dein schlechtes Mama-Gewissen ein und im zweiten steckst du im Zweifel sogar noch Kolleg*innen an und das Unternehmen muss auf weitere Arbeitskräfte verzichten.

Finde enge Verbündete in der Kita

Natürlich hast du den Wunsch, dass es deinem Kind in der Kita gut geht, es gut aufgehoben ist und sich wohlfühlt. Wir haben aber die Erfahrung gemacht, dass es auch als Mama wichtig ist, eine gute Kita-Zeit zu haben. Das Allerwichtigste dabei ist: Verbünde dich! Verbünde dich mit den Erzieher*innen, mit den anderen Eltern und den Kindern. Denn gemeinsam seid ihr stark!

Schritt 1: Vertraue anderen!

Vertraue der Kita-Leitung und den Erzieher*innen, dass sie das Beste für dein Kind wollen. Natürlich laufen einige Dinge bei euch zu Hause anders als in der Kita. Das ist ganz klar und soll ja auch so sein. Respektiere deshalb, dass der Kindergarten seine eigenen Regeln hat und sieh über gewisse Dinge hinweg – auch wenn du manche Sachen anders machen würdest.

Es gibt Eltern, die bei allen Abläufen und Themen, die die Kita betreffen, mitsprechen möchten. Sie haben immer einen Kritikpunkt. Das erschwert die Lage ungemein – für die Eltern, die Erzieher*innen und letztendlich für das jeweilige Kind. Natürlich ist es wichtig, dass du grundlegende Dinge mit den pädagogischen Fachkräften besprichst. Wenn etwas gar nicht nach deinen Vorstellungen läuft, du Ängste oder Sorgen hast, ist es unabdingbar, das Gespräch zu suchen! Geht es aber um den Tagesablauf, Beschäftigungsmöglichkeiten, Rituale, kleine Einschränkungen oder Freiheiten der Kinder – lass los und mische dich nicht ein! Bitte, mach dich locker! Vertraue den betreuenden und fachlich geschulten Personen. Es gibt ein Leben im Kindergarten und eins zu Hause. Das wissen die Kinder recht schnell und akzeptieren es.

Schritt 2: Sei ehrlich!

Sei authentisch! Natürlich wollen wir alle, dass immer alles glatt läuft. Am liebsten möchten wir dabei auch noch super organisiert und gleichzeitig entspannt aussehen. Ist ja logisch. So ist aber das Leben (meistens) nicht. Vor allem dann nicht, wenn man eine Familie hat, nebenbei noch arbeiten geht und den Haushalt, inklusive Familienalltag, schmeißt. Es ist wahnsinnig anstrengend, immer so zu tun, als ob alles perfekt sei. Deshalb appellieren wir: Höre auf damit!

TRAUE DICH UND NENNE DIE DINGE BEIM NAMEN!

Wir empfehlen: Wenn du wieder in einer Elterngruppe stehst und alle erzählen, wie super alles läuft, was das eigene Kind schon alles kann, welche Familienunternehmungen am Wochenende auf dem Plan stehen, wohin der nächste Urlaub geht usw., sei du diejenige, die authentisch ist. Sage ganz ehrlich, dass du momentan am Limit bist (falls du es bist) oder dass es momentan wahnsinnig schwierig ist, dein Kind morgens aus dem Bett zu kriegen. Nenn die Dinge beim Namen!

Unter Menschen, die eine heile Welt vorgeben, kann man kaum echte Verbündete finden. Dabei ist es so wichtig! Bist du die Erste, die aus diesem Spiel aussteigt, atmen sicher die meisten der anderen Eltern erleichtert auf und packen die eigenen Probleme aus. Denn die hat garantiert jeder. Dadurch entsteht ein echtes und ehrliches Gespräch zwischen euch und genau daraus kann ein echter „Elternverbund" entstehen.

Schritt 3: Das gilt auch im Umgang mit den Erzieher*innen!

Es ist zermürbend, den Erzieher*innen vorzugaukeln, dass zu Hause immer alles problemlos sei. Und es ist so überflüssig! Erstens wissen sie sowieso, dass das Quatsch ist und zweitens hilft euch das kein Stück weiter. Viel wichtiger für dein Kind und dich ist ein echter und ehrlicher Austausch mit den betreuenden Personen. Dazu kann gehören, dass du erzählst, wie ausgeprägt zu Hause gerade gemotzt wird. Interessant ist doch vor allem, wie es diesbezüglich in der Kita ist. Falls dein Kind sehr ängstlich ist, sich insgesamt vermeidend verhält und du selbst gar nicht weißt, warum das so ist, ist ein offenes Gespräch mit den Erzieher*innen so wichtig. Nur dann könnt ihr gemeinsam Strategien entwickeln, die deinem Kind wirklich helfen. Sei mutig, lege deine Maske ab und öffne dich für andere Sichtweisen, Tipps und vor allem für echte Unterstützung!

Schritt 4: Lasse dein Kind das „richtige" Streiten lernen!

Natürlich findest du dein Kind großartig, ist es auch! Dennoch ist es schwierig, grundsätzlich zu glauben, dass das eigene Kind alles richtig macht und ihm bei jedem Streit, automatisch zur Seite zu springen. Es isoliert ein Kind, wenn die Eltern stets den Konflikt mit anderen Kindern, möglicherweise sogar noch mit deren Eltern, austragen.

Es ist nun mal so: Kinder reiben sich aneinander, streiten sich, sind dabei nicht selten unfair und kennen manchmal keine Grenzen. Gerade Kita-Kinder müssen das richtige Auseinandersetzen, das richtige Streiten noch lernen. Dabei verhalten sich unsere Kinder nicht anders als andere Kinder. Deshalb tun Eltern nicht gut daran, wenn sie stets die Hand für ihre eigenen Kinder ins Feuer legen und behaupten, dass ihr Kind ganz bestimmt nichts gemacht habe. Die meisten Eltern würden sich wundern, wenn sie ihre Kita-Kinder bei einem Konflikt innerhalb der Gruppe beobachten würden. Deshalb: Hör deinem Kind zu, wenn es von einem Streit erzählt. Verfalle dabei niemals in das Muster *Das ist aber total bescheuert von dem anderen Kind! Mit dem würde ich nicht mehr spielen!* Versuche im Gespräch den Kern des Streits herauszubekommen. Tritt vermittelnd statt parteiergreifend auf. Weder für dein Kind noch für das andere.

Meist hilft es, gemeinsam zu überlegen, warum es genau zu dem Streit gekommen ist, wo die unterschiedlichen Wünsche und Bedürfnisse liegen. Häufig lässt sich recht schnell und ohne dass eines der Kinder bloßgestellt wird, eine Lösung finden. Kinder sind nämlich ziemlich gut im Kompromissfinden und überhaupt nicht nachtragend. Hast du das Gefühl, es gibt ein tiefgreifendes Problem im Umgang der Kinder untereinander, hast du das Gefühl, (d)ein Kind wird ausgeschlossen oder findet keinen Anschluss, ist es wichtig, das in großer Runde, also (mindestens) mit den Erzieher*innen, zu besprechen.

Katastrophen im Alltag mit Vorschulkindern

Mit der Kita begann vor einigen Jahren für dein Kind und dich ein völlig neuer Lebensabschnitt. Ihr beide musstet euch erst einmal neu finden in diesem zunächst fremden Rhythmus der Kita und in den veränderten Rollen. Mit den Jahren ist dein Kind in der Kita ein alter Hase geworden, inzwischen sogar ein Vorschulkind! Zu den klassischen Kita-Kind-Problemen, über die du schon gelesen hast, kommen erfahrungsgemäß noch neue Herausforderungen auf dich als Vorschulkind-Mama zu. Diese werden dich manchmal emotional ganz ordentlich zwischen deiner Rolle als Mama und der Berufstätigen hin- und herschleudern.

Uns hilft in solchen Momenten vor allem, Verständnis für die Situation zu entwickeln. Dieser wichtige Baustein trägt sehr zur Gesamtentspannung bei. Drei ganz typische Situationen, die wir und viele andere Mamas mit unseren Vorschulkindern erlebt haben, schildern wir dir nun. Natürlich bekommst du im Anschluss von uns Tipps an die Hand, wie du den Herausforderungen gemeinsam mit deinem Kind begegnen kannst.

Dein Kind klammert wieder!

Dein Kind ist nun ein Vorschulkind – und plötzlich klammert es so sehr an dir wie schon lange nicht mehr. Vielleicht erlebst auch du das Klammern mit gemischten Gefühlen. Auf der einen Seite freust du dich, deinem nicht mehr ganz so kleinen Kind mal wieder so nahe sein zu dürfen. Auf der anderen Seite machst du dir allmählich Sorgen: *Ist mein Kind vielleicht noch gar nicht reif für den nächsten Schritt?* Und vor allem: *(Wann) Wird sich das jemals wieder ändern?*

Darum klammern Vorschulkinder manchmal

Erinnere dich doch einmal genau an den Moment, in dem dein Kind das erste Mal ohne dich in der Kita war. Welche Emotionen haben dich begleitet? Welche Gedanken schossen dir durch den Kopf? Höchstwahrscheinlich hast du in diesem Moment eine wahre Gefühls- und Gedankenachterbahn durchlebt. Deinem Kind ging es damals mit Sicherheit ähnlich. Alles war neu. Die Menschen, die Umgebung, die Geräusche, Gerüche und Farben. Das alles ist deinem Kind inzwischen vertraut geworden. Es kennt die anderen Kinder, die Erzieher*innen, die Abläufe und Rituale der Kita inzwischen sehr genau. Was sich aber gerade in der Vorschulzeit kontinuierlich verändert, ist dein Kind selbst. Es entwickelt sich und wächst über sich hinaus – an jedem einzelnen Tag. Gerade in Beziehungen zu anderen Menschen tobt ein Sturm der Veränderungen, wenn aus deinem Kind langsam aber sicher ein Schulkind wird. Inmitten des Sturmes, dieses Umbruchs bist du der sichere Hafen für dein Kind. Genau so, wie du es damals warst, als dein Kind in den Kindergarten eingewöhnt wurde. Du bist für dein Kind die Mensch gewordene Versicherung: *Alles ist gut. Hier darf ich sein, wie ich bin.*

In dieser Veränderung müssen so viele Unsicherheiten geklärt und so viele Eindrücke verarbeitet werden. Was deinem Kind am allermeisten hilft, ist die Nähe zu einer vertrauten Person, bei der es sein darf, wie es ist. Eine Person, bei der dein Kind auch ausdrücken darf, dass es erschöpft und vielleicht auch mal überfordert ist. Eine Person, die dein Kind spüren lässt, dass es richtig ist, genau so, wie es ist. Diese Person für dein Kind bist du! Das Klammern deines Kindes ist also ein Vertrauensbeweis. Deine Nähe ein großes Geschenk an dein Kind, damit es all das Neue und sich Verändernde erleben, entdecken und verarbeiten kann. Es gibt also keinen objektiven Grund, das intensive Näheverhalten deines Vorschulkindes zu verändern. Wenn du diese Nähe geben kannst und möchtest, dann bist du herzlich dazu eingeladen.

Das kannst du tun, wenn dich die Nähe überfordert

Anders ist es, wenn dich die Situation schier erdrückt. Wenn du die Nähe einfach nicht geben kannst, so gerne du es möchtest. Einfach, weil es zu viel ist. Andere enge Bindungspersonen (z. B. Papa, Oma, Opa) dürfen auch Nähe und Sicherheit geben in stürmischen Zeiten. Natürlich gibt es in unseren Kindern eine sogenannte Bindungshierarchie. Das ist eine im Kind liegende innere Rangordnung der Bindungspersonen. Oft steht an deren Spitze die Person, die in der Vergangenheit am häufigsten und feinfühligsten mit dem Kind in Beziehung stand. Nicht selten ist das in den ersten Lebensjahren die Mama. Solange du da bist, wünscht sich dein Vorschulkind dann sehr wahrscheinlich deine Begleitung. Und du darfst da sein für dein Kind. Bist du aber nicht verfügbar, etwa, weil du merkst, dass deine Ressourcen aufgebraucht sind und du einmal eine Pause brauchst, wird dein Kind versuchen, sich mit einer anderen Person aus der Bindungshierarchie zu verbinden und dort Nähe zu finden. Das ist völlig in Ordnung und weder schädlich für deine Beziehung zu deinem Kind noch für dein Kind selbst. Die Voraussetzung dafür ist, dass dein Kind eine sichere, tragfähige Beziehung zu dieser Person hat, das heißt, sie kennen einander, vertrauen sich und haben bereits intensiv Zeit miteinander verbracht.

Dein Kind möchte nichts vom Tag in der Kita erzählen

Im Vergleich zu Amerika, wo Eltern in vielen Kitas die Möglichkeit haben, den Tag ihres Kindes per Webcam live mitzuverfolgen, fühlt sich die Kita für dich vielleicht manchmal wie eine „Blackbox" an. Du weißt oft nicht, was dein Kind den ganzen Tag über dort macht und du wüsstest natürlich auch nichts lieber, als dass es deinem Vorschulkind gut geht und dass dein Kind die Unterstützung und Begleitung bekommt, die es braucht. Außerdem möchtest du am Leben deines Kindes teilnehmen. Deshalb bist du immer schon ganz gespannt, wenn dein Kind nach einem Kita-Tag nach Hause kommt. *Na, wie war es heute, mein Schatz? Was habt ihr denn in der Kita gegessen? Mit wem hast du gespielt?* – so beginnst du zu fragen. Doch dein Kind schweigt. Es erzählt einfach nichts. Und du fragst dich: Warum? Schließlich bist du die Mama! Dein Kind vertraut dir doch, oder?

Darum schweigen Kinder häufig

Stell dir mal vor, du kommst nach einem langen Arbeitstag nach Hause. Es war anstrengend. Den ganzen Tag hast du an wichtigen Projekten gearbeitet, deine Kolleg*innen haben dich belagert, dich mehrfach unterbrochen und ein Kollege hat sich sogar erdreistet, deinen aktuellsten Projektentwurf ohne Vorwarnung in den Mülleimer zu werfen. Puh, was für ein Tag! Du öffnest die Haustür und alles, was du nun noch willst, ist eine heiße Tasse Tee und deine Couch. Einfach mit diesem Tag abschließen!

Eine ganz ähnliche Situation erlebt dein Kind jeden Tag im Kindergarten. Es findet sich in einem Gewusel von Bedürfnissen, Erwartungen und Taten anderer Kinder und Erwachsener wieder. Es kooperiert in zahllosen Situationen. Kita-Alltag ist harte Arbeit. Klar kann diese Arbeit Freude machen, aber dieser Umstand macht sie nicht weniger anstrengend. Dann endlich: Schichtende. Du holst dein Kind von der Kita ab. Alles, was es möchte, ist eine Folge seiner Lieblingsserie, etwas zu Essen oder aber auch einfach nur seine

Ruhe. All das sind völlig legitime Verarbeitungswege dessen, was es den ganzen Tag über passiert und erlebt hat.

Gib deinem Kind den Raum, den es jetzt braucht – auch wenn es schwerfällt. Frag nicht öfter als einmal nach, wenn dein Kind dir keine Antwort gibt. Zu viele Fragen drängen es in die Ecke, es fühlt sich im Rechtfertigungszwang und schweigt noch mehr – oder aber es entscheidet sich, zu lügen. Einfach, um seine wohlverdiente Ruhe zu haben. Du darfst dein Kind wissen lassen, dass du dich für seinen Alltag interessierst. Ebenso wichtig ist es aber, dass dein Kind spürt, dass du seine Bedürfnisse ernst nimmst und Ruhe und Rückzug zulässt, wenn das gebraucht wird. Fällt der Druck weg, beginnen Kinder oft ganz von alleine zu erzählen, vor allem von Highlights, wie etwa Kuchenbacken oder einem Spaziergang. Du darfst deinem Kind und seinem Gefühl für das eigene Befinden vertrauen!

Schau genau hin

Es gibt aber eine ganz wichtige Ausnahme: Spürst du, dass dein Kind sich Stück für Stück immer weiter zurückzieht, dann schau genau hin. Falls dein Kind nicht mit dir sprechen möchte, erkundige dich bei den Erzieher*innen, ob bzw. was vorgefallen ist. Lass bitte nicht locker, bis du eine Antwort bekommst. Insbesondere dann, wenn du merkst, dass das nicht nur eine normale Laune deines Kindes ist, sondern es wirklich leidet.

Dein Kind will nicht (mehr) in die Kita

Bei (fast) jedem Kind kommt irgendwann die Zeit, in der es nicht mehr in die Kita möchte. Gerade während der Eingewöhnung ist das ein normaler Anpassungsprozess, der vor allem zwei Dinge braucht: Zeit und Vertrauen. Das bedeutet, Druck rauszunehmen, wann immer es geht. Aber auch bei Kindern, die eigentlich schon längst angekommen sind im Kita-Alltag, bleibt es nicht aus, dass sie mal einfach nicht gehen möchten. Kinder sind Menschen, so wie du und ich. Kinder haben gute und schlechte Tage. Wenn dein Kind also mal nicht in die Kita möchte, braucht es vielleicht einfach nur einen Tag „Urlaub", um Kraft zu tanken oder zu verarbeiten, was in der letzten Zeit so los war.

So findest du eine gute Lösung

Hast du die Möglichkeit, deinem Kind diese Zeit zu geben, wunderbar, dann tu das. Es gibt aber auch Situationen, da ist das schwer möglich. Jetzt ist kreative Lösungsfindung angesagt: Gibt es eine andere vertraute Person, die deinem Kind einen geschützten „Regenerationsrahmen" bieten kann? Papa, Opa, Oma, Tante? Falls nicht, dann versuche, den Kita-Tag in dieser Phase so kurz wie möglich zu halten und hilf deinem Kind durch diese anstrengende Zeit. Deinem Kind kann es insbesondere an solchen Tagen helfen, die Verbindung zu dir vor Augen zu haben. Leih deinem Kind für die Zeit in der Kita etwas von dir aus – sei es ein Haarband, eine Mütze oder ein Kuscheltier, das du schon als Kind hattest. Oder male ihm ganz einfach mit einem Kajal ein Herz auf die Hand. *Ich denke an dich und bin für dich da* ist dabei die Botschaft an dein Kind.

Manchmal bleibt es aber nicht bei vereinzelten Unlust-Tagen, sondern dein Kind hat einfach beschlossen, ab jetzt nie mehr in die Kita zu gehen. Dein Kind meint es ernst. Dann ist ganz genaues und feinfühliges Hinsehen und -hören gefragt. Nimm dein Kind und seinen Wunsch ernst. Zeig ihm, dass du siehst, wie wichtig es ihm damit ist.

Zwei häufige Ursachen für ein plötzliches Nicht-mehr-Wollen

1. Ein zentrales Bedürfnis deines Kindes findet im Kita-Alltag zu wenig bzw. keinen Raum, z. B. Ruhe, Rückzug, Selbstbestimmung. Merkst du bei deinen „Nachforschungen", dass deinem Kind in der Kita Raum für ein wichtiges Bedürfnis fehlt, überlege dir Wege, wie dieses Bedürfnis auch im Kita-Alltag berücksichtigt werden kann. Ist es deinem Kind etwa zu laut, könntest du ihm Ohrenschützer

für den Fall der Fälle mitgeben. Braucht dein Kind mehr Selbstbestimmung, so könntest du mit ihm schauen, welche Freiheiten es im vorgegebenen Rahmen gibt. Hier hilft auch oft die Rücksprache mit den Erzieher*innen, um Möglichkeiten zu erkennen. Zum anderen könntest du in diesem Fall darauf achten, dass dein Kind zu Hause nach der Kita genügend Freiraum für autonomes Denken, Fühlen und Handeln hat.

2. Die Grenzen deines Kindes wurden/werden überschritten: Häufige Auslöser für ein *Ich gehe nicht mehr in den* Kindergarten. sind Konflikte, bei denen dein Kind Dinge zu hören bekommen hat oder etwas tun musste, was mit den eigenen Grenzen und der eigene Integrität nicht vereinbar ist. Die Erzieherin, die gesagt hat, es dürfe bestimmte Dinge nicht tun, der Freund, der immer die Bauwerke zerstört oder die Ausgrenzung aus eine Clique. Versuche, herauszufinden, was dein Kind quält. Erst wenn du weißt, was dein Kind bedrückt, kannst du ihm dabei helfen, die eigenen Grenzen zu wahren. Suche das Gespräch mit deinem Kind – und auch mit den Erzieher*innen, wenn du vermutest, dass eine für dein Kind größere Sache dahintersteckt.

 ## Du hast jetzt ein Schulkind

Wenn dein Kind in die Grundschule kommt, ändert sich das Leben für die gesamte Familie schlagartig. Es weht ein anderer Wind! Aus dem Können-wir-mal-machen wird in vielen Bereichen ein Müssenwir-machen. Morgens ein bisschen Trödeln? Geht nicht mehr. Plötzlich gilt es, morgens pünktlich startklar zu sein, sich an Ferienzeiten zu halten und tagtäglich an die Hausaufgaben zu denken. Nicht nur für dein Kind, auch für dich heißt das, ein neues Verantwortungsbewusstsein in den Alltag zu integrieren. Steht am Anfang häufig noch die kindliche Euphorie im Vordergrund *(Hurra, ich bin ein Schulkind!)*, wird das Familienleben nicht selten bald auf eine harte Probe gestellt. Das Wichtigste – wie eigentlich immer – ist, dass du ruhig und gelassen bleibst. Wie du das erreichst? Mit Vertrauen.

Dein Vertrauen zeigt dir immer den Weg

Bauchgefühl, Intuition, innere Stimme – ja, es gibt da etwas in uns, das uns den Weg weist. Vielleicht kennst du auch Situationen, in denen du denkst: *Mist, das wollte ich doch genau SO machen. Warum habe ich mich denn eigentlich doch anders entschieden?*

> **IST DAS RICHTIG SO?**
>
> Ein Beispiel aus dem Job: Du startest eine neue Aufgabe und hast einen ersten Impuls, wie du anfangen möchtest. Du denkst nach, kommst ins Grübeln und fragst dich dann: *Ist das richtig so? Ah, ich könnte das auch so machen. Das ist vielleicht besser.* Du entscheidest dich für Variante B. Und am Ende erklärt dir dein Chef lang und breit seine Lösung. Es ist Variante A. Die wolltest du doch ursprünglich wählen. *MIST!*

Dein Bauchgefühl weist dir immer einen Weg. Du kennst nicht nur dich in- und auswendig. Du kannst auch dein Kind lesen. Wenn du dir innerlich vertraust und deshalb weißt, was für dein Kind richtig und wichtig ist, dann hast du schon einmal viel gewonnen – das gilt natürlich auch in Bezug auf deine*n Partner*in. Warum? Weil Vertrauen entstresst. Weil es dich gedanklich davon abbringt, lange darüber nachzugrübeln, ob die Entscheidung richtig war, dein Kind auf genau diese Schule zu schicken. Ob dein Kind nun auch dieses oder jenes Hobby machen muss, dass so viele aus der Klasse betreiben. Ob du vielleicht bei den Hausaufgaben mehr Druck machen müsstest – schließlich sitzt ihr immer länger daran als alle anderen. Vertrauen stärkt euch. Nach innen und außen. Vertraue dir und deinem Bauchgefühl!

Vertrauen hilft dir z. B. wenn du auf einem Elternabend konstruktiv Kritik üben möchtest. Wenn du Vertrauen hast, zweifelst du nicht lange, ob deine Worte richtig oder falsch sind. Du sagst einfach, was raus muss. Und vielleicht gibt es dann einen Aha-Effekt, nämlich positive Reaktionen auf deine Kritik.

VERTRAUEN HILFT (FAST) IMMER

Vertrauen hilft dir bei Hausaufgabenfrust, bei Trennungsängsten deines Kindes, beim Umgang mit schwierigen Lehrer*innen, bei einem Streit deines Kindes mit Mitschüler*innen. Vertrauen schafft eine positive Grundeinstellung. Die empfinden wir als wichtig, z. B. auch im Umgang mit anderen Eltern, die vielleicht viele Dinge ganz anders machen, die dich vielleicht gar unter Druck setzen, weil bei ihnen scheinbar alles absolut perfekt ist. Mit Vertrauen vergleichst du dich selbst weniger mit anderen. Vertrauen gibt dir Kraft und Stärke oder auch die Ruhe in stressigen Momenten. Es zaubert dir vielleicht sogar ein Lächeln auf die Lippen, weil dein tiefstes Bauchgefühl dir sagt, dass euer Weg der richtige ist.

Fünf Tipps für den Alltag mit Schulkind

Wir wollen mit dir konkrete Situationen angucken, die uns Mamas von Schulkindern herausfordern. Unser Alltag gleicht oft einem Spagat zwischen den verschiedensten Rollen – Mama, Hausfrau, Berufstätige, Partnerin. Und du selbst bist da ja auch noch da! Du darfst nicht zu kurz kommen. Vergiss nicht: Du bist wichtig und deine Bedürfnisse ebenso! Deshalb gilt auch hier: Dein Bauchgefühl sagt dir, was du und ihr braucht.

Tipp 1: So haltet ihr den ersten Schulfrust aus.

Dein Kind hatte sich so gefreut! Es wollte endlich in Schule kommen und dabei sein. Es war so glücklich bei der Einschulung. Die ersten

Wochen liefen auch gleich wie am Schnürchen. Dein Kind hatte nachmittags ein Strahlen im Gesicht. Es trug ein Lächeln auf den Lippen und hat begeistert erzählt. Doch plötzlich gibt es vom einen auf den anderen Tag nur noch Tränen statt Euphorie. Trennungsangst statt Lockerheit. Dein Kind scheint Rückschritte zu machen. Du machst dir Sorgen. Deine Gedanken und deine Aufmerksamkeit sind ständig bei deinem Kind – selbst im Büro kannst du dich nicht auf deinen Job konzentrieren. Du bist aufgewühlt. Atme kurz durch und erinnere dich: Vertraue dir und euch! Vermutlich ist auch das nur eine Phase. Sie ist ganz normal. Das, was ihr jetzt erlebt, ist kein Rückschritt! Das, was dir und euch nun hilft, sind feste Absprachen. Erklär deinem Kind, wann du wieder da sein wirst und es von der Schule abholst. Erzähle, was ihr dann gemeinsam machen werdet. Sprich beruhigend mit deinem Kind und zeige ihm: Ich bin für dich da – immer! Bleibe auch im engen Kontakt mit den Lehrer*innen. Erkläre, was bei euch zu Hause los ist, sodass die Lehrkraft auch die Chance hat, dein Kind aufzufangen. Die magischen Zutaten sind also Gespräche, Vertrauen, Liebe und feste Absprachen. So schaffst du einen verlässlichen und sicheren Rahmen, in dem sich dein Kind geborgen bewegen kann.

Tipp 2: Gestalte euch einen Morgenmoment

Mein Kind frühstückt einfach nicht. Da kann sich das Gedankenkarussell schon mal heftig drehen: *Wie soll mein Kind es nur bis zum Mittagessen schaffen ohne Energie? Wird es sich überhaupt konzentrieren können? Wie erkläre ich den Lehrer*innen, dass ich keine Rabenmutter bin, sondern mein Kind einfach verweigert?* – STOPP, liebes Gedankenkarussell! Das führt doch zu nichts. Diese Gedanken kosten dich nur Kraft. Ja, etwas zu frühstücken ist wichtig. Das Frühstück ist die Grundlage für einen kraftvollen Start in den Tag. Ohne Frühstück sollten Kinder deshalb auch nicht aus dem Haus gehen. Unser Vorschlag lautet: Zaubere deinem Kind genau das zum Frühstück, was es liebt und bringe dazu Abwechslung rein: Mal eine Gurke, mal den

Lieblingsjoghurt, bestreiche doch das Brot ausnahmsweise mal mit Käse und Marmelade oder koche den superleckeren Tee, den dein Kind so liebt. Gestalte euch einen besonderen Moment. Euren Familienmoment am Morgen. Wir sagen: Warum frühstückt ihr dann nicht gemeinsam im Bett, hört ein Hörspiel zusammen oder du liest was vor? Ein zehnminütiger Familienmoment reicht ja schon. Wir glauben: Außergewöhnliche Situationen erfordern außergewöhnliche Maßnahmen. Auch hier gilt: Es ist ganz allein eure Sache, wie ihr in den Tag startet. Lasst euch nicht reinreden.

Tipp 3: So hältst du dem Druck von außen stand

Waaas, dein Kind geht so lange in den Hort?, So spät macht ihr noch Hausaufgaben?, Du hast den Kuchen nicht selbst gebacken? Puh! Wir haben ja schon darüber gesprochen: Vertraue dir. Du bist gut so, wie du bist. Jeder ist anders. Jede Familie macht es anders, hat ihr eigenes Konzept und ihre eigene Taktung. Bitte lass dich von anderen nicht runterziehen oder beeinflussen! Dich zu vergleichen bringt nichts. Das schafft nur Frust und führt dich nicht weiter, sondern wirft dich im Zweifel zurück. Atme, sobald von außen Druck kommt. Übe dich weiter in Selbstvertrauen. Das hilft dir! Im Kapitel „Familienalltag" hast du ja schon die Spiegelübung kennengelernt. (Stell dich vor den Spiegel und lächle dich selbst an.) Genau diese Übung kannst du auch dann anwenden, wenn du das Gefühl hast, du wirst von außen regelrecht beschossen mit Meinungen und Wertungen anderer.

Lass die Erwartungen der anderen los! Ganz ehrlich, du musst nicht den perfekten Kuchen für das Schulfest backen oder wahnsinnig durchgestylte Muffins mitbringen. Ja, das sieht alles toll aus, aber: Es ist auch okay, wenn du die Muffins oder einen Kuchen kaufst. Darüber kannst du schweigen oder sagen: *Ich musste arbeiten, aber der ist echt lecker!*

SAG ES LAUT

Sage dir selbst immer wieder laut: Ich bin gut, so wie ich bin. Wir machen es bei uns so, wie es für uns richtig ist. Das wirkt. Wirklich!

Tipp 4: Erledige alles auf deinen Wegen!

Die Schule startet um acht, der Hort geht bis nachmittags. Dazwischen arbeitest du. Damit ihr eure knappe gemeinsame Zeit nutzen könnt, raten wir dir: Erledige alles, was du kannst, auf deinen Wegen. Egal, ob du doch noch ein paar Kleinigkeiten im Supermarkt einkaufen, ein Paket abgeben oder ein Telefonat führen musst – erledige das möglichst, bevor du dein Kind abholst. Das nimmt auch dir den Druck und den Stress raus, weil du nicht noch ein müdes Kind durch die Gegend schleppen musst. Stattdessen könnt ihr in eurem Tempo in den Nachmittag starten und eure gemeinsame Zeit genießen. Du hast kein offenes To-do mehr im Kopf und ihr könnt beide abschalten. Das ist eure Quality-Time.

Tipp 5: Schaffe euch einen entspannten Ausgleich am Nachmittag

Nicht nur der Vormittag hat euch mit Job, Kita oder Schule fest im Griff – die Nachmittage sind wahrscheinlich bei euch oft voll, oder? Wir kennen das auch: Ein Termin jagt den nächsten und um 18 Uhr fühlen wir uns bereits bettreif. Entspannung, durchatmen, einfach mal Pause machen – das kommt wahrscheinlich auch bei dir und deinem Kind oft zu kurz! Wir raten dir deshalb dazu, dass du euch einen regelmäßigen Ausgleich nachmittags schaffst. Als Gegenpol zum oft sehr stressigen Vormittag.

Wie kann der aussehen? Bewegung an der frischen Luft ist für uns das Nonplusultra – ein regelrechter Energiebrunnen. Wie wäre es also mit einem regelmäßigen Spaziergang durch die Natur – vielleicht gibt es bei dir ja in der Nähe einen schönen Wald, einen See oder sogar das Meer? Wir empfehlen euch eine Fahrradtour durch

Stadtteile oder Orte, die ihr noch gar nicht so gut kennt – und dort testet ihr einfach mal das Eiscafé. Alternativ könntet ihr auch einen bunten Kuchen backen oder etwas Lustiges basteln – und zwar an den Tagen, an denen es regnet oder ihr euch einfach ausruhen wollt. Das Ziel sollte sein, dass ihr euch gemeinsam auf euch fokussiert, den Kopf für diese Zeit ausschaltet und Kita, Job und Schule einfach mal für diese gemeinsame Zeit vergesst und durch dieses Abschalten von den Verpflichtungen neue Kraft tankt.

 ## Stressfrei durch den Schulalltag

Du brauchst ein Dorf! Das hast ja schon öfter von uns gehört! Auch oder vielleicht gerade jetzt bist du auf dein Netzwerk, also dein Dorf, angewiesen. Wir haben die Erfahrung gemacht, dass es sich lohnt, das Thema frühzeitig anzugehen. Du wirst dein Netzwerk nicht nur bei Brückentagen oder in Krankheitsfällen benötigen, sondern insbesondere zu Ferienzeiten. Gerade die langen Sommerferien sind für berufstätige Eltern ein Albtraum.

Ab dem Frühherbst, nach der Einschulungsfeier, weht spätestens ein anderer Wind. An erster Stelle steht das Thema Pünktlichkeit. Plötzlich musst du dich mit deiner Familie anders organisieren, damit alle um die vorgegebene Uhrzeit an dem Ort sind, an dem sie sein sollen. Wie kannst du das am besten organisieren, damit keiner mit roten Hektik-Flecken am Hals das Haus verlassen muss?

Darum ist der frühe Vogel nun wichtig
Eventuell sollte der Wecker dich und den Rest der Familie jetzt doch noch ein wenig früher aus den Federn klingeln, damit niemand ohne Essen aus dem Haus geht oder ihr gemeinsam vielleicht sogar euren gemeinsamen Frühstücksmoment zelebrieren könnt. Für den Fall, dass du einen Frühstücksmuffel zu Hause hast und du mit der Idee des Frühstücksmoments baden gegangen bist, möchten wir trotz allem noch einmal betonen: Dein Kind sollte wenigstens mit einem

Müsli oder einer Banane in den Tag starten. Das solltest du beherzigen. Ein paar Bisse sollten es schon sein, damit alle Synapsen gut funktionieren und der Bauch im Unterricht nicht so laut grummelt wie ein Bär.

Vom Trödel-Lieschen und Hans-Guck-in-die-Luft

Wohnt bei dir zu Hause entweder das Trödel-Lieschen oder der Hans-Guck-in-die-Luft? Dann solltet ihr unbedingt schon am Abend die ausgewählten Anziehsachen für den Folgetag an einen festgelegten Platz legen. Kontrolliere im selben Zug auch noch einmal gemeinsam mit deinem Kind, ob die Schulsachen vollständig sind. Am nächsten Morgen schaust du, ob die frisch befüllte Frühstücksbox eingepackt wurde. Das erspart euch viel Stress und dir einen regen E-Mail-Verkehr mit den Lehrer*innen, die dich freundlich darauf hinweisen, dass dein Kind schon wieder das Mathe-Heft oder das Deutsch-Buch nicht dabei hatte.

Gerade zum Schulstart brauchen Kinder noch ganz viel Unterstützung, was die Struktur anbelangt. Erst- und Zweitklässler sind in der Regel kleine Chaoten, die gerne mal ihre Turnbeutel und Arbeitsmaterialien verschlampen oder die Hausschuhe im Hort schon zum hundertsten Mal einfach nicht mehr wiederfinden. Die Zeit, die du am Anfang in Ordnung und Orientierung für das Kind investierst, zahlt sich doppelt aus. Irgendwann ist es nämlich in Fleisch und Blut übergegangen und dein Kind weiß, wo es seine Sachen finden wird. Der schöne Nebeneffekt ist, dass du mehr Geduld haben wirst.

Supermama? Das geht auch mit wenig Aufwand

Deine Zeit ist kostbar. Du hetzt schon genug hin und her und hast tendenziell zwischen Job und Schule wenig Zeit. Du liebst dein Kind natürlich abgöttisch, gehst aber auch sehr gerne arbeiten. Das eine schließt das andere überhaupt nicht aus. Hüte dich aber bitte davor, dein schlechtes Gewissen dadurch zu kompensieren, dass du dir jahrelang alle möglichen Ämter in der Schule aufhalst und dich engagierst. Du musst dich nicht in den Kindergarten-Vorstand oder als Elternsprecherin wählen lassen, wenn du das Gefühl hast, dadurch noch mehr unter Druck zu geraten. Natürlich: Es ist aller Ehren wert, irgendwer muss es machen – aber es ist fast immer mit viel Arbeit und Zeit verbunden. Beides hast du höchstwahrscheinlich nicht, wenn du fest im Jobsattel sitzt. Du wirst dich auch sonst bestimmt regelmäßig engagieren, etwa, wenn um Kuchen-Spenden für das große Sommerfest in der Kita gebeten wird.

Wir empfehlen: Du musst dich nicht mit Muffin-Back-Aktionen stressen. Es gibt etwas viel Besseres. Du wirst die Supermama bei den Kindern sein, indem du einfach einen Kasten Brause auf den Tisch stellst. Bringe als Beitrag zum Buffet etwas mit, was in der Regel nicht gerne unter Eltern gesehen wird: fiese Lutscher in Quietschgrün, Knisterbrause, Fertig-Donuts usw. Wir Mamas dürfen auch Ausnahmen im Leben machen, es mal ein bisschen krachen lassen und wir dürfen unseren Kindern auch mal diese kleinen Ferkeleien erlauben. Morgen gibt es dann auch wieder einen Apfel extra und selbstverständlich reichlich Gemüse. Ist doch klar!

ENGAGIER DICH RUHIG MAL FÜR DICH SELBST

Hast du doch mal ein bisschen Zeit, dann kümmere dich bitte um dich selbst und gehe zum Sport oder lies ein Buch. Überlasse die Organisation von Klassenfesten den Eltern, die gerade nicht arbeiten gehen, die darin total aufgehen (was wirklich toll ist) und vielleicht über ein wenig Abwechslung mal ganz froh sind.

Keine Panik vor den Sommerferien

Tiefe Stirnfalten legen sich ungefähr um die Osterzeit langsam ins Gesicht aller Eltern, wenn sie beim Blick in den Kalender feststellen, dass gefühlt schon morgen die Sommerferien beginnen. Sechs Wochen Kinder-Bespaßung. Das muss gut geplant und rechtzeitig organisiert werden. Vielleicht kann die Hortbetreuung eine gute Unterstützung für euch sein, falls sie eine Ferienbetreuung anbietet. Eure eigenen Urlaubstage können auch zwei bis drei Wochen abdecken. Es bleiben aber immer noch genügend Wochen übrig, die überbrückt werden müssen.

Erkundige dich schon frühzeitig, was in eurer Stadt an Ferienbetreuungen angeboten wird. Oftmals können Kinder an vielen tollen Programmen teilnehmen, wie Zirkus- oder Theaterprojekten und Kunst- oder Musikaktionen. Überleg dir auch, ob nicht das Thema Reiterferien für euch attraktiv ist. Viele mutige Kinder trauen sich durchaus zu, alleine oder mit einer Freundin oder einem Freund eine Woche lang ohne Eltern Urlaub auf dem Ponyhof zu machen. Natürlich ist ein solches Vergnügen immer auch ein zusätzlicher Kostenfaktor, den sich nicht alle Eltern leisten können. Wenn ihr rechtzeitig plant, könnt ihr vielleicht schon zu Weihnachten und an Geburtstagen Verwandten gezielt Geldgeschenke für diesen tollen Urlaub vorschlagen.

Alternativ dazu ist es eine gute Idee, gemeinsam mit anderen Eltern eine Ferienbetreuung untereinander zu organisieren. Der Vorteil ist, dass deinem Kind nicht langweilig wird, es beschäftigt ist und mit seinen Freund*innen oder Schulkamerad*innen spielen kann. In deiner Betreuungswoche kannst du dich entspannt mit einer Tasse oder Kaffee in den Liegestuhl setzten und das bunte Treiben zufrieden beobachten.

Sei kein Mama-Taxi und gib Verantwortung ab

Hättest du einen Taxi-Schein machen wollen, hättest du ihn bestimmt schon. Deswegen brauchst du jetzt auch nicht das Mama-Taxi zu spielen. Du kannst deinem Kind ab einem gewissen Alter durchaus zutrauen, überschaubare Strecken auf sicheren Wegen alleine zurückzulegen. Vor allem dann, wenn dein Kind vom Typ her selbstständig und selbstbewusst ist. Natürlich übt ihr die Strecke vorab, natürlich schaust du, dass der Weg völlig ungefährlich ist und eventuell noch ein anderes Kind auf der Strecke abgeholt werden kann, damit es nicht alleine gehen muss.

Probiere es doch einfach mal aus und schalte – wir überspitzen mal – die Glucke in dir aus. Wir wetten, dein Kind schafft das und hat sogar noch Spaß dabei! Wege alleine zu gehen, macht Kinder selbstbewusst und stark. Zudem sparst du auch einfach eine Menge Zeit.

DREHE DIE UHR MAL EINIGE JAHRE ZURÜCK

Wie bist du eigentlich früher zur Schule gekommen? Wahrscheinlich warst du zu Fuß oder mit dem Rad unterwegs, oder? Hast du es nicht auch manchmal gewagt, vom vereinbarten Weg abzukommen, um durch Gebüsche zu streifen, dir noch schnell unterwegs eine Höhle mit Versteck zu bauen, in die du einen Tag später mit deinen Freund*innen zurückkehrt bist und kleine Errungenschaften, wie Stöcke und Steine hinterlassen hast? Herrlich! Das ist Kindheit. Daran wird sich dein Kind später sicher noch erinnern, wenn es selbst Kinder hat.

Diese kleinen Freiheiten machen dein Kind kreativ und selbstbewusst. Darin liegt ein kleines großes Stück Unbeschwertheit, etwas, was im Zeitalter von Handy und Co. immer schwieriger wird. Viele Eltern kontrollieren ihre Kinder aus Sorge und lassen ihnen keinen Freiraum. Das nimmt ihnen buchstäblich den Raum zum Atmen. Die Sorgen kommen nicht aus dem leeren Raum: Oft prasseln auf uns nur die schlimmsten Nachrichten aus verschiedenen Medien. Aber viele gute gehen unter.

Also, erinnere dich: Wie sehr hast du es damals genossen, wenn du mit den besten Freundinnen quatschend zur Schule gelaufen bist? Hinzu kommt, dass Bewegung an der frischen Lust super wichtig für unsere Kinder ist. Aber auch das ist eigentlich ein altbekannter Hut.

GEWINNE EINE NEUE PERSPEKTIVE

Natürlich ist es anders, ein Kind auf dem Dorf einfach loszulassen, als in der Stadt. Vor allem dann, wenn ihr vielleicht noch an einer viel befahrenen Straße wohnt. Da sind die Ängste sicherlich größer.

Unser Tipp lautet auch hier: Sprich mit deinem Kind. Traut es sich den Weg schon alleine zu, aber du machst dir Sorgen? Vielleicht findet ihr erst einmal einen Kompromiss. Suche doch auch mal mit anderen Eltern das Gespräch, deren Kind schon alleine Wege zurücklegt. Manchmal hilft nämlich auch schon eine andere Perspektive, um eine neue zu gewinnen.

So löst du galant das Hausaufgaben-Chaos

Es ist manchmal doch einfach zum Mäusemelken. Dein Kind hat zum x-ten Mal die Hausaufgaben nicht aufgeschrieben, sie einfach vergessen oder nicht zugehört. Was kannst du tun? Nun ja, mehrere Wege führen nach Rom: Du kannst deinem Kind unter die Arme greifen und dich mit Müttern, die ähnliche Probleme mit ihren Kindern haben, kurzschließen. Dazu eignen sich tatsächlich auch WhatsApp-Gruppen. Wer weiß etwas, das der andere wieder nicht mitbekommen hat? In der Regel findet sich immer relativ schnell eine Lösung. Jeder hilft hier jedem. Der Vorteil ist, dass dein Kind nicht in der Klasse bloßgestellt wird und du es schützen kannst, besonders wenn es sehr sensibel ist. Das ist aber keine Dauerlösung.

Wenn dein Kind die Hausaufgaben aufgeschrieben hat, ist das gut! Aber es sollte auch noch daran denken, sie zu erledigen. Dabei können kleine Armbändchen ein guter Trick sein. Diese Idee hilft auch anderen Schüler*innen. Besprich sie doch einfach mal mit dem*der Lehrer*in. Vielleicht besteht ja Interesse. Die Armbändchen funktionieren folgendermaßen: Am Ende der Stunde, nachdem die Hausaufgaben notiert wurden, verteilt der*die Lehrer*in kleine rote Bändchen, die um das Handgelenk getragen werden. Für dich ist es das eindeutige Zeichen dafür, dass Hausaufgaben zu machen sind. Es lohnt sich also ein Blick ins Hausaufgabenheft. Fehlt der Eintrag oder ist er unvollständig, schließt du dich mit anderen Eltern kurz.

Diese kleinen Helferlein erleichtern dir das Familienleben. Deine Nerven werden geschont, und dein Kind lernt über kurz oder lang, dass es an bestimmte Dinge einfach zu denken hat.

HAUSAUFGABENHEFT-TIPP

Eventuell braucht dein Kind eine optische Unterstützung, um darauf zu achten, seine Hausaufgaben zu notieren. Ein Hausaufgabenheft in besonders markanter Farbe, das man überhaupt nicht im Schulranzen übersehen kann, kann die Lösung sein.

 ## So förderst du die Selbstständigkeit deines Schulkindes

Schon beim Thema „Hausaufgaben" ging es darum, dein Schulkind dabei zu unterstützen, Stück für Stück selbst Verantwortung zu übernehmen. Es ist sinnvoll, die Selbstständigkeit deines Kindes zu fördern. Dabei hilft deinem Kind und euch als ganzer Familie eine Struktur, nach der sich alle richten können. Die Struktur gibt einen Rahmen und vermittelt Beständigkeit und Sicherheit für alle. Doch wie gelingt es, eine eigene Struktur zu etablieren? Wir haben Tipps für dich und führen dich Schritt für Schritt zu einer eigenen Familienstruktur

Schritt 1: Etabliere Rituale.
Damit du nicht jeden Tag aufs Neue diskutieren musst, empfiehlt es sich, immer wiederkehrende Rituale einzuführen. Das gilt nicht nur für den morgendlichen Ablauf, wenn sich alle für den Tag fertigmachen müssen, sondern auch für das abendliche Zubettgehen.

Rituale und Strukturen sorgen dafür, dass es einfach keine Überraschungen gibt, dass alle wissen, welcher Schritt auf den anderen folgt, und auch dafür, dass alles reibungslos vonstattengehen kann. Das erleichtert euren Alltag ungemein!

Praktisch bedeutet das am Morgen, dass es immer zur selben Uhrzeit Frühstück gibt und dass ihr immer die gleiche Reihenfolge einhaltet, was Frühstück, Anziehen und Zähneputzen angeht. Ob sich alle vor oder nach dem Frühstück anziehen, ist dabei unwichtig, Das bleibt natürlich euch überlassen. Wenn du dein Schulkind anfangs noch bei jedem Schritt begleitest, findet sich bald eine Routine ein und dein Kind kann alles ganz allein machen. Währenddessen hast du dann Zeit für dich: entweder für (noch) einen Kaffee, einen kurzen Nachrichtencheck oder ein Make-over im Bad. Abends ist es im Grunde genau das Gleiche. Abendessen, Schlafanzug anziehen und Katzenwäsche im Bad, danach vielleicht noch Kindernachrichten schauen, eine Gute-Nacht-Geschichte vorlesen, kuscheln und dann ab ins Bett. Kinder sind Gewohnheitstierchen.

Schritt 2: Übertrage deinem Kind mehr Verantwortung.
Dein Kind ist (nun) ein Schulkind. Das ist großartig! Ihr habt schon so viele wichtige Entwicklungsschritte gemeinsam gemeistert. Zeige deinem Kind, wie stolz du bist und übertrage ihm nach und nach eigene Aufgaben. Es ist wichtig, dass du dein Kind behutsam heranführst, Verantwortung zu übernehmen. Das kannst du natürlich spielerisch gestalten! Dein Kind ist nun kognitiv in der Lage, selbstständig einen eigenen Aufgabenbereich zu betreuen – und hier gehen wir noch einen Schritt über die Haushaltsorganisation hinaus. Dein Kind könnte etwa euer Haustier regelmäßig selbstständig füttern, die Blumen gießen oder die Familie zur gemeinsamen Wochenplanung einberufen – was auch immer. Wichtig ist, dass dein Kind erkennt: Mir wird vertraut. Ich bin ein verantwortliches Familienmitglied. Mir wird nicht mehr alles abgenommen und ich darf die Familienorganisation aktiv mitgestalten.

Schritt 3: Weg mit dem Druck.

Schule ist wichtig, gar keine Frage. Dennoch ist es viel wichtiger, dass dein Kind während der Grundschulzeit Spaß am Lernen entwickelt. Wird von Anfang an Druck aufgebaut, was Hausaufgaben und Klassenarbeiten angeht, kann das den Spaß im Keim ersticken. Deshalb: Sei interessiert an dem, was dein Kind in der Schule lernt. Zeige ihm, dass du es großartig findest, wie viele neue Dinge es entdeckt und welche neuen Fertigkeiten hinzukommen, denn genau darum geht es doch eigentlich! Bewertungen und Noten sind häufig eine Momentaufnahme. Wichtig ist, dass dein Kind Themen versteht, es lernt, nachzufragen, wenn ihm etwas unklar ist und es in der Lage ist, selbstständig zu arbeiten. Jedes Kind hat sein eigenes Tempo. Deshalb bleib bitte auch hier entspannt, wenn die „Schulleistungen" anfangs oder auch immer wieder stocken.

Schritt 4: Unterstütze dein Kind auf seinem eigenen Weg.

Höre auf zu vergleichen! Wie eben schon beschrieben, hat jedes Kind sein ureigenes Tempo. Natürlich kannst du immer wieder sanft pushen, wenn alles im Schneckentempo geht, dennoch ist es wichtig, das Kind dort abzuholen, wo es gerade steht. Noch viel wichtiger ist allerdings, das Kind nicht mit anderen Kindern in seinem Alter oder mit Klassenkamerad*innen zu vergleichen. Es gibt immer jemanden, der Dinge schneller begreift, besser umsetzen kann und überhaupt stets auf der Überholspur ist. Doch darum geht es nicht. Es geht um dein Kind. Braucht also dein Kind Unterstützung dabei, sich mittags an seine Hausaufgaben zu setzen, setze dich daneben und arbeite auch etwas. Eine gemeinsame Arbeitszeit kann helfen, einen Rhythmus zu finden.

Hat dein Kind Probleme, allein seinen Schulweg zu meistern? Fühlt es sich unsicher und will partout nicht ohne dich gehen? – Dann raten wir dir an dieser Stelle: Begleite es so weit wie nötig, ermögliche es ihm aber, allein in den Klassenraum zu gehen. Gerade im Schulkindalter ist es so wichtig, dein Kind ganz entspannt, ohne

Druck oder Hast Schrittchen für Schrittchen auf dem Weg in die wachsende Unabhängigkeit zu begleiten. Gibst du deinem Kind das Gefühl, dass es absolut wunderbar ist, genauso, wie es ist und dass sein Tempo absolut in Ordnung ist, dann wird es zusehends an Selbstsicherheit gewinnen und immer mehr Bereiche selbstbewusst und eigenverantwortlich gestalten (können).

Die Grundschulzeit ist geprägt davon, dass unsere Kinder immer mehr Eigenverantwortlichkeit und Selbstständigkeit erlangen. Dieser Prozess ist nicht geradlinig. Er ist oft holprig, steinig und nicht selten auch frustrierend. Er verlangt auch uns Eltern häufig sehr viel ab. Es ist eine stete Gratwanderung zwischen Anschieben, Begleiten und Loslassen. Das Beste, das wir in dieser Zeit tun können, ist, zu vertrauen, da zu sein, wenn wir gebraucht werden, aber auch zurückzutreten, wenn die Kinder die ersten Schritte ganz ohne uns laufen.

 ### Konkurrenz, Druck und Unbehagen im Schulalltag

Fast alle Mamas hören ihr Kind in ihrer Schullaufbahn irgendwann einmal die folgenden Worte sagen: *Mama, ich habe Bauchweh/Kopfweh, ich kann nicht zur Schule gehen.* Und es ist klar, dass es keine echten Bauch- oder Kopfschmerzen sind, die das Kind quälen. Wenn sich dein Schulkind mit diesen Worten an dich wendet, solltest du natürlich zuallererst körperliche Ursachen für die berichteten Beschwerden abklären. Kommst du dann zu dem Schluss, dass sich hinter den Bauch- oder Kopfschmerzen etwas anderes verbirgt als eine körperliche Ursache, ist vor allem eines wichtig: Nimm dein Kind ernst und versuche auf keinen Fall, es davon zu überzeugen, dass das alles nicht echt sei!

Dreh- und Angelpunkt für derartige psychosomatische Symptome sind im Schulkontext häufig Ängste, die ihren Ursprung in verschiedenen Bereichen haben können. Häufig ist es eine mit dem (objektiv und/oder subjektiv empfundenen) Leistungsdruck verbundene Angst vor Ablehnung und Versagen. Nicht selten sind es auch soziale

Ängste (z. B. *Die anderen verspotten mich.*), die betroffene Kinder quälen.

Psychosomatische Beschwerden sind im Übrigen tatsächlich „da" und werden von deinem Kind so erlebt. Solche Beschwerden bedeuten also nicht, dass dein Kind dich anlügt oder sich etwas einbildet. Manchmal treten sie nach akuten Belastungssituationen auf. Der Körper deines Kindes signalisiert damit, dass nach der ganzen Anstrengung eine Pause nun dringend notwendig ist. Viel häufiger sind sie ein wesentliches Warnsignal – für dein Kind und für dich, denn psychosomatische Symptome haben zwei Hauptfunktionen, erstens auf einen Missstand aufmerksam zu machen und zweitens dein Kind vor körperlichen und/oder seelischen Verletzungen zu schützen. Somit sind sie völlig folgerichtig, wenn dein Kind im Schulalltag Stress, Druck und Angst erlebt. Die für dich brennendste Frage als Mama eines Kindes mit solchen Ängsten ist jetzt wahrscheinlich: *Wie kann ich meinem Kind helfen?* Auf diese Frage gibt es keine pauschale Antwort. Dennoch gibt es einige „Grundpfeiler", die dich und dein Kind in dieser herausfordernden Phase stützen können.

Nimm dein Kind ernst und sei für es da.

Bitte stelle niemals die Existenz der Beschwerden infrage. Sie haben in jedem Fall ihre Berechtigung. Kläre körperliche Ursachen ab und nimm psychologische Unterstützung in Anspruch, falls du spürst, dass du und/oder dein Kind sie gebrauchen können.

Hilf deinem Kind, den Mechanismus zu verstehen.

Die Symptome wollen nichts Böses für dein Kind, denn sie sind da, um es zu schützen. Das zu verstehen, kann eine große Erleichterung für dein Kind bedeuten. Lass dein Kind spüren, dass du an seiner Seite bist und dass ihr gemeinsam nach einer Lösung sucht.

Erfahre so viel wie möglich über die Umstände und Ursachen.

Wie geht es deinem Kind in der Schule? Was erlebt es dort? Welche Ängste stehen im Vordergrund? Bei dieser Analyse kann dich auch der zuständige Schulpsychologe bzw. die zuständige Schulpsychologin oder der Schulsozialarbeiter bzw. die Schulsozialarbeiterin unterstützen. Diese Zusammenarbeit ist eine wichtige Basis für die passende Intervention.

Hol andere Beteiligte ins Boot.

Suche das Gespräch mit der Schule. Ängste und Herausforderungen im Schulalltag brauchen die Mitarbeit aller Beteiligten. Kind, Eltern, Lehrer*innen, sowie ggf. Schulleiter*in und Klassenkamerad*innen können eine wichtige Rolle im Lösungsprozess spielen. Optimalerweise wird dieser Prozess von einer Fachperson (z.B. Schulpsychologe*in) begleitet. Dein Kind zu Hause zu lassen, kann kurzfristig eine notwendige (da z.B. vor Mobbing schützende) Maßnahme sein. Langfristig löst das aber nicht die vorhandenen Konflikte. Abgesehen von der Schulpflicht hier bei uns in Deutschland sagen wir, im Gegenteil: Durch das Vermeidungsverhalten werden Ängste aufrechterhalten und setzen sich noch tiefer fest. Es ist wichtig, dass du dein Kind nicht einfach wieder in die „Gefahrenzone" schickst, wenn es Angst hat. Es braucht deine Unterstützung (und je nach Anliegen die von Lehrer*innen und anderen Personen im Schulkontext), um langsam wieder Fuß zu fassen und Vertrauen (zurück-)zugewinnen – in die Schule und in sich selbst. Es ist stark vom Einzelfall abhängig, ob etwa ein Schulwechsel eine Lösung sein kann oder ob deinem Kind eine weiterführende kinderpsychotherapeutische Begleitung helfen kann. Und auch hier gilt: Um Hilfe zu bitten, ist keine Form von Schwäche, sondern ein enormes Zeichen von Stärke und Zuversicht, insbesondere für dein Kind.

WUTANFÄLLE, WACKELZAHNPUBERTÄT UND SCHULFRUST

Das ist alles ist eine Phase! – Da sagt wieder jemand diesen einen Satz und du denkst dir vielleicht: Bitte, ich kann ihn nicht mehr hören! oder Na, danke! Und wie lange soll die Phase bitte noch dauern?! Manchmal scheinen die verschiedenen Entwicklungsphasen unserer Kinder nicht nur lange zu dauern, sie scheinen auch sehr extrem zu sein und immer extremer zu werden. Die Wackelzahnpubertät ist das beste Beispiel dafür. Klar, denn es steckt ja auch „Pubertät" in dem Wort. Die richtige Pubertät kommt zwar erst später, aber die kleine Schwester lernen unsere Kids eben schon vor der Schule kennen.

 ## Die Wackelzahnpubertät unter der Lupe

Es gibt eine Zeitspanne im Zusammenleben mit deinem Kind, in der verstehst du die Welt nicht mehr. Du dachtest, mit dem Ende der Hochphase der Autonomieentwicklung zwischen zwei und drei Jahren hättest du vorerst das Schlimmste überstanden. Und dann kommt das! Dein Kind befindet sich im Alter zwischen fünf und sieben Jahren, es erlebt und entlädt Gefühle in allen Extremvarianten – hurra, die Wackelzahnpubertät ist da! Vielleicht fragst du dich jetzt, warum du vorher noch nie von der „Wackelzahnpubertät" gehört hast, schließlich ist sie in deinem Alltag doch kaum zu übersehen?! Nun, sie ist bislang auch weit weniger gut erforscht als die „große" Pubertät, weshalb man über sie auch zugegebenermaßen noch sehr wenig weiß. Auch das, was wir dir hier über die Hintergründe der Wackelzahnpubertät verraten, ist nicht in Stein gemeißelt. Es entspricht dem aktuellen Forschungsstand, der definitiv noch ausbaufähig ist.

DAS OM ALS ERSTE HILFE FÜR DEINE NERVEN

Dein Kind schreit? Wirft mit Gegenständen? Weint aus Wut?

Genau dann kannst du die folgende Übung anwenden:
Atme tief ein und beim Ausatmen töne mal ein langgezogenes „Ooo-ooommm". Ziehe es so lange wie du kannst. Mach das Ganze drei Mal hintereinander – und zwar mit Genuss.

Ja, es klingt vielleicht erst einmal ein bisschen albern, erinnert dich an die Geburt deines Kindes oder an die tönenden Mitschwangeren im Geburtsvorbereitungskurs. Ja, denn genau dort wird das Tönen auch geübt. Kein Wunder, denn dieses Om beruhigt und hat eine heilende und befreiende Wirkung. Probiere es doch einfach mal aus. Am besten in einer erhitzten Situation: Eben noch Geschrei, jetzt schon dein Om! Du kannst einen schwierigen Moment mit einem Om durchbrechen und dich selbst zur Ruhe bringen. Gleichzeitig kannst du dein Kind erstaunen und vielleicht dazu animieren, mitzumachen. So könnt ihr aus genau dieser Situation, die euch eben noch so gestresst hat, aussteigen!

Sie kommt wie aus heiterem Himmel. Plötzlich scheint dein eben noch so braves Kind völlig aus der Spur zu laufen. Die Wackelzahnpubertät – ja, sie ist eine Phase. Das Gute ist: Sie geht tatsächlich vorüber, so wie alle Phasen. Wir unterstützen und begleiten dich auf dem Weg dadurch, denn wir wissen, wie anstrengend und herausfordernd die Wackelzahnpubertät sein kann, wie schwer es ist, in seiner inneren Mitte zu bleiben, wenn man sein Kind nicht wiedererkennt. Hab keine Sorge, liebe Mama! Du wirst auch diese Phase gemeinsam mit deinem Kind meistern.

Was ist denn eigentlich los?

Lass uns dort beginnen, wo du beobachten kannst, was überhaupt los ist: bei deinem Kind. Spätestens mit dem Eintritt ins Vorschulalter ist dein Kind „groß". Zumindest wird ihm das von außen ständig und immer wieder erzählt. *Ein anderer Lebensabschnitt steht jetzt bevor. Der Ernst des Lebens geht los.* usw. Dein Kind beginnt nun langsam aber sicher zu ahnen, dass schon ganz bald nichts mehr so sein wird, wie es gerade ist. Das verursacht vor allem eines: Angst.

VERSETZE DICH IN DEIN KIND HINEIN

Möglicherweise spürst auch du diese Angst vor dem Ungewissen, vor dem, was da bald auf euch zukommt. Der Unterschied zwischen dir und deinem Kind liegt nun hauptsächlich darin, dass du bereits aus eigener Erfahrung weißt, was Schule bedeutet, wie sich der Alltag verändert und was so alles dazugehört. Dein Kind tappt hingegen völlig im Dunkeln und wird zeitgleich ständig von anderen Menschen darauf hingewiesen, als „großes Kind" ja jetzt dies und das alleine können zu müssen.

Wage ein Gedankenexperiment: Stell dir vor, dir steht eine Zwangsversetzung bevor. Du weißt nicht, wohin es geht und warum eigentlich. Vielleicht möchtest du deinen Job gar nicht wechseln. Das Einzige, was du weißt, ist, dass der neue Job ganz woanders ist und dass die Versetzung am Ende des Sommers stattfinden wird. Du weißt weder, mit welchen Kollegen*innen du deinen Standort wechseln wirst, noch was dich dort in deinem neuen Arbeitsalltag erwartet. Es könnte ja auch sein, dass du dich in einem Job wieder-findest, der dir gar nicht gefällt und den du freiwillig nie machen würdest. Aber du musst! Du weißt, du wirst im Gegensatz zu deinem bisherigen Job jetzt fast nur noch sitzen müssen und darfst nur spre-chen, wenn du dazu aufgerufen wirst. Außerdem musst du den Weg zu einem gewissen Teil alleine gehen. Ende der Geschichte.

So oder so ähnlich geht es deinem Kind gerade. Puh, ganz schön viel los, oder? Es ist also kaum verwunderlich, dass dein großes klei-nes (oder auch kleines großes) Kind emotional gerade alles andere als stabil durch die Welt geht. Dieses Gefühlschaos geht auch an dir nicht spurlos vorüber. Mal abgesehen von den Schimpfwörtern und den direkten Wutblitzen, die dich tagtäglich treffen, passiert natürlich etwas mit dir als Mama, wenn du dein Kind plötzlich kaum wiedererkennst und du dich daneben völlig machtlos fühlst. Du möchtest deinem Kind helfen, aber weißt nicht, wie.

Das kannst du nun tun

Für die Wackelzahnpubertät gibt es eine einfache Faustregel, die in ihrer Umsetzung so individuell ist, wie du und dein Kind es sind: Alles, was Sicherheit und Vertrauen schafft, hilft deinem Kind und dir nun weiter. Das kann die ausgesprochene Versicherung deinem Kind gegenüber sein, dass du es über alles liebst – komme was wolle. Ver-trauen kann beispielsweise aber auch in Form von mehr (wohlreflek-tierter) Entscheidungsfreiheit für dein Kind in euren Alltag kommen. Insbesondere, wenn du sehr unsicher bist, was deinem Kind jetzt Sicherheit geben kann, beginne am besten mit dieser Überlegung bei dir selbst. Was fehlt dir, um zu vertrauen und um dich sicher zu fühlen? Hole dir genau das so gut es geht in dein Leben, egal ob in Form von Wissen, Menschen oder Momenten. Deine daraus resultie-rende Klarheit bringt Licht in die Verunsicherung deines Kindes und reicht ihm die Hand. Hand in Hand ist alles schöner – wenn auch nicht immer leicht.

Fünf Tipps, um die Wackelzahnpubertät zu überstehen

In der Wackelzahnpubertät der 5- bis 7-jährigen Kinder wackeln nicht nur die Zähne, sondern auch die Seele! Dein Kind erlebt einen großen Schub und manches ist dabei wie in der großen Pubertät: Die Eltern sind doof. Alles ist doof. „Nein" ist das Wort der Wahl. Die Emotionen fahren Achterbahn. Gute Laune wechselt im Minutentakt mit schlechter. Ich *habe dich lieb, Mama* folgt auf *Du bist doof, Mama!* Manchmal kommen auch noch exquisite Kraftausdrücke hinzu. Türen knallen, Spielsachen fliegen und alles wird ausdiskutiert. Dein Kind scheint nicht auf dich zu hören oder will nicht hören. Es will spielen oder eben das machen, was es grad will. Und nicht das, was du willst – schon aus Prinzip nicht. Das kann uns Mamas extrem fordern, aus der Ruhe bringen und ebenso an die Decke gehen lassen.

Gefühle sind gut und wichtig – das vorweg. Und wir sind Menschen, keine Roboter. Das sollten wir uns immer klarmachen. Du fragst dich vielleicht immer wieder, wie du emotional geladene Situationen mit deinem Kind managen kannst, ohne dass die Gefühle auf irgendeiner Seite explodieren. Wir spielen jetzt mit dir gemeinsam ein paar typische Situationen anhand von fünf Tipps durch, um dir so eine schnelle Hilfe an die Hand zu geben.

Tipp 1: Schau dir deine eigene Wut an!

Dein Kind wird wütend, explodiert, schreit und beschimpft dich. Irgendwann kannst du einfach nicht mehr. Deine Geduldsgrenze ist überschritten. Du wirst laut, du schreist vielleicht zurück oder wirst möglicherweise auch unfair. Nach der eigenen Wut schleicht sich ein schlechtes Gewissen ein: *Das wollte ich doch gar nicht. Warum bin ich so laut geworden? Wie kann ich das nächste Mal ruhig durch die Situation kommen?* Auch noch einmal an dieser Stelle: Bitte verurteile dich nicht! Wir alle haben eine persönliche Grenze und wir alle reagieren anders. Bei der einen ist der Geduldsfaden länger, bei der anderen kürzer. Manche Mamas sind ruhiger, andere emotionaler.

AUSZEIT FÜR MAMA

Vielleicht wird dir genau in einem solchen Moment ganz klar, dass du mehr Zeit für dich alleine brauchst. Dazu sagen wir: Das ist wirklich großartig! Es gibt einen Weg, zu dir selbst zurückzufinden und dir deine persönliche Quality Time zu erschaffen. Mehr dazu liest du im Kapitel „Bleibe du selbst".

Wir empfehlen dir, deine eigene Wut anzuschauen. Warum wirst du so sauer? Was triggert dich? Ist es vielleicht etwas aus deiner Vergangenheit? Oder hat dich vielleicht gerade was ganz anderes geärgert und dazu hast du das Gefühl, dass du viel zu wenig Zeit für dich hast, sodass du ständig vom Außen bestimmt wirst? Wenn du den Grund gefunden hast, dann versuche ihn dir in den Extremsituationen in Gedächtnis zu rufen und mach dir klar: *Mich triggert das gerade, weil ...*

Uns hat genau das dabei geholfen, extreme Situationen mit unseren Kindern durchzustehen: ruhiger bleiben, dic Wut Wut sein lassen – und liebevoll reagieren.

Tipp 2: Du und dein Kind – ihr seid beide genau richtig!

Es klingt manchmal so einfach: *Liebe dich selbst, dann wird der Rest im Leben ein Kinderspiel!* Nur, nicht jede Mama kann das – und vor allem nicht von jetzt auf gleich. Das kann ein ziemlich großes Stück Arbeit sein, denn jede Mama ist von ihrem Umfeld und von ihrer Vergangenheit geprägt. Diese ist vermutlich nicht immer nur positiv gewesen. Trotz allem sagen wir: *Nimm dich an! Genauso, wie du bist!*

Gehe gerne noch einen Schritt weiter. Was passiert, wenn du dein Kind mit einem liebevollen Blick anschaust? Wahrscheinlich wird dir richtig warm ums Herz. Du bist stolz, du liebst dein Kind höchstwahrscheinlich ganz genau so, wie es ist. Und ja, dein Kind ist ein ganz eigener Charakter, ein Mensch mit ganz eigenen Vorstellungen, Gefühlen und Reaktionen. Wenn du dir das immer wieder bewusst machst, dann kannst du dir vermutlich in einer herausfordernden Situation nicht nur irgendwann sagen: *Ich werde nun wütend, weil ...* (siehe dazu auch Tipp 1), sondern auch: *Mein Kind reagiert gerade so, weil ... Es ist einfach so. Das gehört gerade zu ihm. Und ich liebe mein Kind wie verrückt!* Versuche das doch einfach mal, denn du und dein Kind – ihr seid genau richtig so, wie ihr seid!

DEINE DANKE-DIR-SELBST-ÜBUNG

Schau doch jetzt mal in den Spiegel und lächle dich an! Bedanke dich bei dir selbst für den tollen Job, den du als Mama machst. Du kannst das auch einfach mal laut sagen: *Ich bin gut so, wie ich bin. Ich mag mich und ich mache als Mama einen tollen Job.*

Das ist eine Übung, die du täglich wiederholen kannst. Das Gehirn ist ein Muskel. Du kannst es nicht nur trainieren, sondern auch mit positiven Affirmationen dein Denken langfristig verändern.

Tipp 3: Rede mit deinem Kind über sein Verhalten

Stell dir vor, du kommst in die Kita, dein Kind möchte aber noch nicht abgeholt werden. So gar nicht. Nein. Nein. Nein. *Was willst du denn schon hier, Mama?* Innerlich freust du dich vielleicht schon auf die richtige Pubertät, wenn du dich beim Abholen von der Disko hinter der nächsten Häuserecke verstecken sollst. Gut, aber was sollst du denn jetzt machen? Erst bist du wahrscheinlich ruhig, aber spätestens, wenn du sagst, *Ich habe mich auf dich gefreut!* und du ein *Ich mich aber gar nicht!* entgegengefeuert bekommst, bist du vielleicht – so wie wir es von uns selbst auch kennen – gereizt.

Du erklärst deinem Kind wahrscheinlich, warum du gerade sauer bist. Allerdings haben wir die Erfahrung gemacht, dass Botschaften in erhitzten Momenten gar nicht erst ankommen. Deshalb verschieben wir Gespräche, in denen wir unseren Kindern erklären, dass das Verhalten für uns nicht okay war, auf einen Moment, in dem nicht nur wir, sondern auch unsere Kinder ruhig und offen sind. Ein Augenblick, in dem sie auch wirklich zuhören, ist wichtig dafür, z. B. abends. Dann erzählen viele Kinder sowieso gern von sich aus etwas und auch wir Mamas können uns erklären und darüber sprechen, was uns bedrückt hat. Ein Moment, in dem unsere Message auch tatsächlich beim Empfänger ankommt. *PLING!*

Tipp 4: Gefühle sind wundervoll – sei einfach da!

Gefühle, Gefühle, Gefühle! – So sieht die Wackelzahnpubertät bei vielen Kindern aus. Das Spektrum ist breit. Vielleicht ist dein Kind nicht wütend, sondern vermehrt traurig oder ängstlich. Unser Rat lautet: Sei einfach da! Stehe deinem Kind zur Seite und nimm es in den Arm! Falls es möglich ist, sprecht über die Gefühle, nicht nur über die deines Kindes, sondern auch über deine. Wie geht es dir mit bestimmten Situationen? Was wünscht du dir? Was wünscht sich dein Kind? Was bedrückt dein Kind? Warum wird es so wütend? Vielleicht bekommst du in einem Gespräch zumindest einen Eindruck davon, was wirklich los ist. Nicht jedes Kind kann in diesem Alter klar formulieren, was es als bedrückend empfindet. Manchmal müssen wir konkrete Fragen stellen oder länger beobachten, um an den Kern zu kommen. Deshalb: Sei da – nicht nur physisch, sondern auch mit Worten. Manchmal braucht es auch in den schwierigsten Situationen einfach ein *Ich habe dich unendlich lieb!*

Tipp 5: Lass deine Erwartungen los

Stell dir vor, du bist Zaungast beim Schwimmkurs deines Kindes: Alle anderen Kinder haben Spaß, sind fröhlich, ausgelassen und planschen im Wasser herum. Nur dein Kind hält sich am Beckenrand fest, macht ein Sieben-Tage-Regenwetter-Gesicht und du siehst ihm an, dass es gleich weinen wird. Es fühlt sich einfach nicht wohl. Dein Bauch zieht sich zusammen, du schluckst schwer und fragst dich in diesem Moment: Warum macht ausgerechnet mein Kind nicht mit? Du machst dir dazu Sorgen und denkst: Es muss doch jetzt mal schwimmen lernen! Ich konnte doch auch mit vier Jahren schwimmen. Man, mir hat das so viel Spaß gemacht damals – und ich war so stolz als ich das Seepferdchen endlich hatte. Ein ganz klares *STOPP!* an dieser Stelle!

Wir ertappen uns alle immer mal wieder dabei, dass wir unsere Erwartungen auf unsere Kinder überstülpen. Nur weil du vielleicht – bleiben wir bei dem Beispiel Schwimmkurs – Spaß daran hattest, muss dein Kind nicht automatisch auch eine Wasserratte sein. Es hat wahrscheinlich andere Vorlieben. Und es ist doch auch okay, wenn es erst ein paar Monate später schwimmen lernt, oder? Diese Situation kannst du auf andere Situationen übertragen, in denen du feststellst, dass du grad mehr von deinem Kind erwartest, als es aktuell kann oder möchte. Lass los – das macht dir und deinem Kind weniger Druck und verschafft euch mehr Kraft und gute Laune.

 Entspannungsanker für die Wackelzahnpubertät

Jetzt geht es ans Eingemachte! Wie können klare Familienregeln aussehen, die die Lage entspannen? Was kannst du tun, damit sie auch von allen eingehalten werden? Überlege in einem ersten Schritt gemeinsam mit deiner Familie drei bis fünf Situationen, die bei euch gehäuft auftreten und in denen ihr irgendwann in einer emotionalen Sackgasse steckt. In einem zweiten Schritt stellt ihr fest, was ihr in diesen Situationen jeweils fühlt, wie es euch geht und was ihr dann genau braucht. Was hilft euch, um da wieder herauszukommen? Und wie könnt ihr euch gegenseitig helfen?

Folgende klassische Fälle haben wir für dich zusammengetragen:

Situation 1: Wenn dein Kind schreit

Wenn ich schreie und weine, dann will ich dich nicht ärgern. Ich bin vielleicht gerade müde oder mir ist auch manchmal einfach alles zu viel. Wir sind oft unterwegs und viele Leute sind um mich herum. Das mag ich nicht immer. Viel lieber möchte ich mit dir kuscheln, meine Ruhe haben, spielen oder einfach in deinem Arm einschlafen.

Situation 2: Wenn ihr euch streitet

Dicke Luft im Haus! Wenn wir miteinander streiten, gehen wir uns besser alle mal kurz aus dem Weg. Jeder geht für fünf Minuten in sein Zimmer. Dann ziehen wir uns an und gehen alle gemeinsam raus. Wir toben und rennen, bis wir uns alle abreagiert haben – auch bei Regenwetter. Wenn wir wieder zu Hause sind, haben wir alle wieder bessere Laune und besprechen bei einer Tasse Kakao das Problem, das wir heute alle miteinander hatten. Danach vertragen wir uns alle wieder.

Situation 3: Wenn du wütend bist

Wenn Mama wütend ist, ist ihr wahrscheinlich alles gerade zu viel. Wir lassen sie eine Weile in Ruhe und spielen alleine, gehen zu Papa oder – falls möglich – zu einem größeren Geschwisterkind.

Situation 4: Wenn du schimpfst

Manchmal wird Mama laut, das darf sie auch. Wir wissen aber auch, dass sich Mama in der Regel nach drei Minuten wieder beruhigt hat. Dadurch ist sie berechenbar und wir wissen alle, woran wir sind, und vor allem, dass sie uns immer liebhat.

Situation 5: Bevor ihr ins Bett geht

Wir gehen nie „böse aufeinander" abends ins Bett. Spätestens vor dem Zähneputzen haben wir unseren Streit beendet und vertragen uns wieder mit einer festen Umarmung.

Du merkst schon: Jeder in deiner Familie hat unterschiedliche Bedürfnisse. Es tut allen gut, wenn du mit deiner Familie gemeinsam einen ruhigen Moment findest, in dem ihr all diese Punkte besprechen könnt. Setzt euch z. B. alle im Kreis auf den Teppich, sodass ihr euch alle ansehen könnt. Ihr Eltern könnt noch einmal die Situation beschreiben, die euch gestört hat. Ihr könnt erklären, warum ihr diese Situation nicht akzeptiert und schlagt Lösungswege oder Alternativen vor, damit sich die Situation so nicht wiederholt oder beim nächsten Mal nur in abgeschwächter Form – denn auch eure Kinder müssen erst einmal eure Bedürfnisse verinnerlichen und üben, das Gesagte umzusetzen.

LIEBE MAMA, DENK DARAN …

Vergiss nicht, du bist nicht alleine! Auch in deiner Familie bist du nicht alleine, denn ihr seid ein gutes Team. Das bedeutet auch, dass du dir gemeinsam mit deiner Familie den Raum erschaffen kannst, den du und auch die anderen Familienmitglieder brauchen.

Fragt auch euer Kind, was es vorschlägt, damit sich die Situation bessert oder nicht wieder eintritt. Wir sind immer wieder erstaunt, wie selbstsicher schon unsere Kinder im Vorschulalter ihren Standpunkt vertreten können und wie kreativ ihre Ideen sind. Haltet eure Familienregeln schriftlich fest. Kann euer Kind noch nicht lesen oder schreiben, malt es Symbole auf, z.B. ein Herz für eine Umarmung und ein Küsschen oder eine Sonne, wenn ihr bei trüber Laune rausgehen wollt. Auch hier gilt: Seid kreativ! So könnt ihr Schritt für Schritt, jeder in seinem Tempo, aber Hand in Hand, gemeinsam durch die oft turbulente Zeit der Wackelzahnpubertät schreiten.

Vier Tipps, verantwortungsbewusst und entspannt mit Gefühlen umzugehen

Gerade in schwierigen Phasen wünschst du dir wahrscheinlich, dass alles ganz schnell vorbeigeht. Das ist absolut verständlich. Möglicherweise stellst du dir auch immer wieder die Frage, ob du als Mama etwas falsch machst, wenn es besonders schwierig ist. Eigentlich möchtest du doch nur, dass es allen gut geht, dass alle glücklich sind. Doch hier sind wir am springenden Punkt: Es ist nämlich so, dass schwierige Phasen wichtig sind. Sie gehören zu einer gesunden Entwicklung dazu. Trotz, Frust und Ärger sind wichtige Emotionen, die unsere Kinder durchleben müssen.

GEFÜHLE SIND BUNT

Trotzige Kinder sind keine „bösen" Kinder. Kinder, die streiten und schimpfen, sind nicht „ungezogen". Und Kinder, die niemals Frust verspüren oder traurig sind, sind keine „glücklichen" Kinder. Sie dürfen und müssen die Palette all dieser Gefühle durchleben. In der Kita-Zeit ist die Gefühlswelt sehr bunt. Das Miteinander mit anderen Menschen muss gelernt werden. Und auch das faire Streiten.

Dein Kind nimmt eigene Wünsche und Bedürfnisse immer bewusster wahr und versucht, sie durchzusetzen. Es möchte immer häufiger Dinge alleine schaffen. Gehen sie zunächst schief, kommt schnell Frust auf. Dennoch ist es hier wichtig, dein Kind immer wieder zu ermutigen und ihm zu zeigen, dass nicht alles auf Anhieb klappen muss, dass Dinge versucht, geübt und wiederholt werden müssen und manchmal auch einfach gar nicht klappen – dafür aber am Ende aber vielleicht etwas anderes.

Manchmal ist die Kita-Zeit wie ein Drahtseilakt. Für dich als Mama gilt es, gemeinsam mit deinem Kind die Balance zu finden und dich nicht von Trotzattacken, Autonomiephasen, vom Größerwerden-Wollen, Klein-bleiben-Wünschen und vielen wichtigen kindlichen Entwicklungsstufen aus dem Gleichgewicht bringen zu lassen.

Mit den folgenden Tipps wird es dir gelingen, dein kunterbuntes Kita-Kind liebevoll zu begleiten:

Tipp 1: Lass zu, dass dein Kind alle Emotionen durchlebt!

Rede deinem Kind niemals seine Gefühle aus *(Ach, das ist doch nicht so schlimm! Da muss man doch nicht traurig sein!)*. Stehe stattdessen an seiner Seite, fange auf, tröste, sei da. Signalisiere deinem Kind, dass „schlechte" Gefühle manchmal ganz schön doof sein können, sie aber irgendwann wieder aufhören und vor allem, dass du da bist.

Tipp 2: Lass dein Kind neue Sachen ausprobieren!

Der Neugier eines Kindergartenkindes sind keine Grenzen gesetzt. Alles ist spannend und alles will ausprobiert werden. Natürlich gibt es Dinge, die dem Alter nicht angemessen sind oder schlicht zu gefährlich. Alle anderen Dinge sollte dein Kind ausprobieren dürfen. Dafür braucht es Gelegenheiten! Höre deinem Kind zu, nimm seine Wünsche ernst und lasse es neue Welten entdecken. Vieles ist vielleicht nur anfangs interessant, anderes endet im Frust, weil es (noch) nicht klappt. Egal ob Rollschuhfahren, Flötespielen, Reiten oder verrückte Sachen basteln. Unterstütze die Neugierde deines Kindes und seinen Tatendrang!

Tipp 3: Unterstütze dein Kind dabei, Freundschaften zu knüpfen und zu pflegen!

Dein Kind ist nun in der Lage, echte Freundschaften zu schließen. Es ist ganz wichtig, dass du es dabei unterstützt, diese auch zu pflegen. Freundschaften bieten so viele Entwicklungsmöglichkeiten für unsere Kinder, und Freund*innen fürs (Kita-)Leben sind einfach unbezahlbar. Vereinbare mit den anderen Eltern Verabredungen, schaut vielleicht auch, ob es eine Möglichkeit gibt, dass die Kinder gemeinsam z. B. einen Turnverein außerhalb des Kindergartens besuchen.

Tipp 4: Pflege deine eigenen Freundschaften

Manchmal ist es, wie es ist: Dein Kind bringt dich an die Grenzen deiner Nerven! Bei allem Verständnis, das du für die wichtigen Entwicklungsschritte hast: Manchmal hast du das Gefühl, einfach nur wegrennen zu wollen. Jede Mama mit einem Kind in der Wackelzahnpubertät kennt dieses Bedürfnis nur zu gut. Dafür musst du dich nicht schämen! Höre auf dieses Gefühl. Wenn du spürst, du hast keine Geduld mehr und kommst kräftemäßig an deine Grenzen, schaffe dir so schnell wie möglich eine Auszeit.

Triff dich mit einer Freundin, klage mal so richtig dein Leid, lass deine Wut raus. Eine andere gute Alternative ist, zum Sport zu gehen, dich auszupowern und dort mal richtig den Kopf auszuschalten. Konzentriere dich nur auf dich selbst. Im Grunde ist es egal, was du tust. Hauptsache, es tut dir gut und du kannst danach wieder mit neuer Energie und ruhigeren Nerven auf dein Kind zugehen.

Auseinandersetzungen mit deinem Schulkind

Der erste Schultag ist vorbei und vielleicht fühlst du selbst seitdem einen gewissen Druck, weil auch ihr als Eltern vor ganz neuen Herausforderungen steht. Spätestens jetzt wird auch klar: Du kannst dein Kind nicht mehr vor allen Einflüssen schützen. Ab jetzt werden die Kinder mehr und mehr bewertet, von Lehrer*innen – und auch von Mitschüler*innen. Jeder Schulhof hat seine eigenen Regeln – im positiven und negativen Sinne. Dazugehören, dabeisein wollen, sich vergleichen oder auch so cool sein wollen wie die anderen – das ist jetzt Alltag! Streitigkeiten im Klassenzimmer, Zickereien vor der Turnhalle, Tränen vor dem Lehrerzimmer – auch das gehört nun dazu! Du bist jetzt auf eine neue Art und Weise gefordert.

Eskalation am Nachmittag

Nicht selten kommt es nach Schulschluss am Nachmittag zu Situationen wie diesen: Plötzlich kommt dein Kind tränenüberströmt aus der Schule, weil der Lehrer streng war. Bei anderen Familien schallt es *Ich kann das nicht!, Ich habe keinen Bock!* oder *Ich bin zu doof!* aus den Wohnzimmern. Der Grund? Die Klassenlehrerin hat (wieder einmal) zu schwierige Hausaufgaben aufgegeben – oder auch einfach zu viele. Bei wiederum einem anderen Kind rollen die Tränen. Es ist am Boden zerstört, weil die beste Freundin sich eine andere Tischnachbarin ausgesucht hat. Oder ein weiteres ist aufgelöst, weil ein Klassenkamerad es immer wieder ärgert. In der nächsten Familie findet der Sohn die Schule voll atzend, weil er ein Freigeist ist und mit starren Regeln nicht zurechtkommt. Wieder woanders mag das Kind den Lehrer absolut nicht mehr und wehrt sich gegen alles, was von ihm kommt. *MIST!*

Wahrscheinlich kennst du solche oder ganz ähnliche Situationen auch. Situationen, in denen die Gefühle deines Kindes hochkochen, in denen du nicht mehr weißt, wie du helfen kannst. Situationen, in denen du der Buhmann bist, weil du deinem Kind kein Handy kaufst, nicht möchtest, dass es auch schon den „Star Wars"-Film guckt, diesem oder jenem Hobby nachgeht, oder weil du ganz einfach diejenige bist, die ein Auge auf die Hausaufgaben hat. *KAWUMMS!* Ja, vielleicht gibt es genau dann Streit zwischen dir und deinem Kind. Weil deine Geduldsgrenze erreicht ist, du auch müde bist und nicht mehr weißt, wie du noch motivieren oder helfen kannst. Du wärst so gerne als Mama die problemlösende Stütze. Stattdessen gibt es Gegenwind. Vielleicht sind es genau solche Momente, in denen du irgendwann Schwarz siehst.

Nimm eine Vogelperspektive ein

Atme! Genau jetzt und in solchen Momenten! Gehe aus der Situation heraus und versuche, die Vogelperspektive einzunehmen. Beobachte euch selbst. Was könnte dir und deinem Kind jetzt helfen? Ist die Situation wirklich so schlimm, wie sie sich jetzt anfühlt? Wie könnt ihr sie gemeinsam lösen?

VERGISS NICHT, ZU ATMEN!

Atme! Wie sieht die jeweilige Situation mit Abstand aus? Anders? Was sagt dein Bauch, was dein Verstand? Atme! Höre in dich hinein und lass los! Ihr werdet einen guten Weg für euch finden! Da sind wir ganz sicher!

Nehmen wir das Beispiel Hausaufgaben: Sind sie tatsächlich so schwer oder ist dein Kind einfach nur sehr müde und sollte mal eine Pause machen? War die Reaktion von der Lehrerin wirklich so überzogen oder vielleicht doch angebracht? Vielleicht kannst du kurzerhand ein klärendes Gespräch führen. Bist du auch traurig, weil dein

Kind traurig ist? Das ist völlig okay. Wirklich völlig okay! Auch du darfst traurig sein und es zeigen.

Geht es bei Fragen, wie *Handy ja oder nein?* oder *Ist dieses Hobby für mein Kind okay oder nicht?*, um ein grundsätzliches Prinzip oder könntet ihr eure elterliche Entscheidung überdenken?

Nimm auch hier die Vogelperspektive ein. Wie schwer fühlt sich die Situation für dich mit dem Abstand an? Welche Lösung ziehst du jetzt vor? Nimm dir doch gerne jetzt einen Zettel und schreibe deine Gedanken auf. Betrachte sie morgen mit Abstand noch einmal. Entweder sagst du dann: *Ja, genauso sehe ich das.* Oder du findest: *Das war echt Bullshit.* So kommst du einer Lösung für euch sehr viel näher.

Fünf Tipps, wie ihr während der Schulzeit als Familie stark bleibt

Liebe schafft Vertrauen. Liebe schafft Nähe. Liebe macht stark. Liebe ist die Basis für ein gutes Selbstwertgefühl und für das Band zwischen Eltern und Kind. Liebe ist der Anker in emotional stürmischen Zeiten. Wir finden, Liebe ist ein Push fürs Selbstbewusstsein! Zeige deinem Kind, wie sehr du es liebst. Immer wieder. So wird dein Kind innerlich stark und lernt, auf sich zu hören und sich selbst zu vertrauen. So kann es auch lernen, Nein zu sagen, denn auch das ist wichtig auf dem Schulhof! Denn wenn dein Kind gelernt hat, sich selbst zu vertrauen, dann kann es auch viel leichter *NEIN!* oder *STOPP!* sagen, wenn jemand anderes seine Grenze überschreitet. Selbstvertrauen bringt nicht nur Selbstbewusstsein – Selbstvertrauen hilft deinem Kind im ersten Schritt auch dabei, sich über die eigenen Bedürfnisse und die persönlichen Grenzen bewusst zu werden.

Stark werden, sein und bleiben – wie gelingt das als Familie? Wir nennen dir unsere fünf knackigen Basis-Tipps für eine starke Familie.

Tipp 1: Bleibe dir und deinen Grundsätzen treu!

Mama, alle meine Freunde haben ein Handy. Ich will auch endlich eins. Oder *Mats darf Star Wars gucken.* Ich will das auch sehen. Das sind zwei Klassiker und beide Wünsche sind nachvollziehbar, nicht nur aus Kindersicht. Dahinter stehen Gruppenzwang, Statussymbole und Vergleiche – wir Mamas kennen das doch selbst. Auch uns wird in den sozialen Medien durch die Fotos anderer ständig vorgegaukelt, wie wir noch cooler, toller, schöner, besser usw. werden können. Bei unseren Kindern geschieht dasselbe, nur eben nicht im Internet, sondern auf dem Schulhof und es geht z. B. um das Handy oder um die neuesten Filme und deren Merchandise-Artikel. Und klar wollen sie die Sachen haben! Nur: Willst du das bzw. wollt ihr als Eltern das auch?

Wir glauben, dass es wichtig ist, eine klare Linie zu fahren. Natürlich heißt das nicht, dass eure Entscheidungen in Stein gemeißelt sind. Entscheidungen dürfen und sollten wir auch regelmäßig überdenken. Allerdings raten wir, wenn ihr euch z. B. dafür entschieden habt, dass es ein Handy oder bestimmte Filme erst ab einem gewissen Alter gibt, dann bleibt dabei. Wichtig ist außerdem noch, dass ihr auch erklärt, warum ihr so entscheidet. Bleibt im Gespräch mit euren Kindern. Denn eine klare und dazu ehrliche Linie erleichtert auch für Kinder die Orientierung. Sie können sich auf etwas einstellen und sich dann darauf verlassen, dass du auch hältst, was du versprichst.

Tipp 2: Es ist egal, wie es andere Mamas machen

Du bist du und nicht die anderen. Damit haben wir eigentlich schon das Wichtigste gesagt. Und klar: Andere Mamas machen die Dinge anders. Das heißt aber nicht, dass das besser oder schlechter ist. Wir raten dir, versuche loszulassen und dich frei davon zu machen, wie es andere machen und was andere Kinder dürfen oder eben auch nicht.

Natürlich ist es schön, wenn wir Mamas uns gegenseitig inspirieren, uns austauschen und voneinander lernen können. Es sollte aber keinesfalls passieren, dass du dir Druck machst, weil es woanders anders – und vermeintlich besser – läuft oder weil es weniger Streit gibt, da die Kinder viel mehr dürfen. Lass es los: das Vergleichen und Zweifeln und auch die fremden Erwartungen. Ihr handhabt die Dinge so, wie ihr sie für richtig haltet.

Vergiss nicht, es ist ähnlich wie bei Instagram und Co.: Du siehst auch bei anderen Mamas meistens nur einen Ausschnitt der Realität und vermutlich den besten. Bei niemandem läuft es perfekt!

Tipp 3: Schaue darauf, was dein Kind kann und nicht darauf, was es nicht kann!

Warum trödelt mein Kind morgens immer so?, *Wieso hat es schon wieder vergessen, sein Fahrrad anzuschließen?* und *Wieso kann der Nachbarjunge schon so gut Skateboard fahren?* Vielleicht kennst du solche und ähnliche Gedanken auch. Manchmal projizieren wir Mamas unsere Erwartungen auf unsere Kinder, versuchen ihnen unser Tempo überzustülpen oder vergleichen sie mit anderen Kindern. Aber warum nur? Du vergleichst doch auch Äpfel nicht mit Birnen. Manchmal achtest du vielleicht zu wenig auf das, was dein Kind schon alles kann. Dann siehst du nur die Dinge, bei denen noch „Luft nach oben" ist und beachtest nicht, dass dies eben auch nur ein Ausschnitt vom großen Ganzen ist. Wenn dir so ein Gedanke kommt, versuch mal innerlich *STOPP!* zu sagen: *STOPP, Gedanke! Mein Kind ist toll. Es macht es so, wie es das kann. Und das ist gut so.* Uns tut diese Übung beispielsweise sehr gut, wenn uns absolute Trödel-Situationen triggern.

Tipp 4: Dauerstress mit einem anderen Kind?
Sprich erst einmal mit dem Lehrer oder der Lehrerin

Dein Kind wird von einem anderen Kind in der Schule ständig geärgert? Oder von größeren Kindern sogar gemobbt? Wahrscheinlich nimmt das nicht nur dein Kind, sondern auch dich (und natürlich auch deine*n Partner*in) sehr mit. Was tun? Wir raten dir, im ersten Schritt mit der Klassenlehrerin (oder dem Klassenlehrer) zu sprechen, die Situation zu schildern und zu fragen, wie sie das Ganze beurteilt. Falls sie noch nichts mitbekommen hat, kann sie erst einmal beobachten, abwägen und dir (bzw. euch) ein Feedback geben.

Und wenn dann Bedarf besteht, könnt ihr mit den anderen Eltern ins Gespräch gehen. So kannst du verhindern, dass die Kinder, um die es geht, gleich Bescheid wissen. Denn das kann die Situation erst einmal verschlimmern, wenn es dann heißt *Du Petze!* – und dein Kind womöglich dicht macht. Trotz allem hilft reden, stehe für dein Kind ein!

Tipp 5: Langeweile schafft Entspannung!

Wie voll ist der Wochenplan deines Kindes? Wir fragen das, weil wir schon Wochenpläne von Grundschulkindern gesehen haben, die aussehen wie die Terminkalender von Top-Managern. Von der Schule oder dem Hort aus geht es nahtlos zu Fußball, Tennis, Turnen, Judo oder Musik. Oft bleibt dabei kein Raum, um zu entspannen, mal die Gedanken baumeln zu lassen, zu spielen oder einfach nur Kind zu sein. Viele von uns haben das Gefühl, ständig was unternehmen oder ihren Kindern was bieten zu müssen. *STOPP!* Wir glauben: Langeweile ist wichtig, auch wenn die Hummeln im Hintern groß sind. Probiere es doch einfach mal aus und halte euch zwei Nachmittage in der Woche frei. Plane da keine regelmäßigen Termine. Nehmt euch vor, einfach nur zu sein und in den Nachmittag hineinzuleben. Das erholt nicht nur dein Kind, sondern auch dich, weil du nirgendwo hinfahren musst.

Typische Probleme im Familienalltag

Mit unseren insgesamt 16 Kindern vom MutterKutter-Team werden wir täglich mit Schul- oder Kita-Themen konfrontiert. Wir merken, dass nicht nur wir täglich alle Bälle in der Luft jonglieren, sondern unsere Kinder das auch tun. Wir verlangen unseren Kindern manchmal sehr viel ab. Natürlich hören auch wir immer wieder Sätze, wie *Das Leben ist kein Ponyhof*. Ja, klar, das stimmt. Aber trotz allem sind wir der festen Überzeugung, dass Kinder auch Kinder sein dürfen und dass die Vorstellungen, die wir von unseren Kindern und dem Leben haben, oft von der Realität abweichen. Welche Hürden gibt es, wenn unsere mütterlichen Ideal-Vorstellungen „volle Lotte" auf das echte Leben mit Kindern prallen? Und wie können wir sie nehmen?

So kommst du mit deiner Familie entspannt durch die erste Tageshälfte

Mit Kindern ist jeder Morgen eine Herausforderung. Wenn du (mindestens) ein Schulkind hast, müsst ihr plötzlich pünktlicher sein als zuvor. Die erste Hürde ist oft das morgendliche Aufstehen.

Wohnt eine Eule oder eine Lerche bei euch im Kinderzimmer?

Der Eule fällt der Gang ins Bad so schwer, weil sie erst am Abend zur Hochform aufblüht. Sich ab 19 Uhr Englisch-Vokabeln reinzuhämmern und Matheaufgaben zu lösen, ist kein Problem. Um 22:30 Uhr noch schnell ein Gedicht zu lernen, ist ebenfalls ganz easy für eine Eule. Allerdings: Morgens um 6:30 Uhr aus den Federn zu kommen, ist ein riesengroßes Problem!

Das kannst du tun: Vertraue den Augen deines Kindes. In denen existieren nämlich Sinneszellen, die fotosensitiv sind. Durch sie wird Tageslicht erkannt. Diese Information wird mit der Nachricht: *Es wird hell, du kannst jetzt mal so langsam wach werden!* ans Gehirn weitergeleitet. Für dich als Mama bedeutet das, bei den Eulen im

Zimmer ab sofort keine Vorhänge mehr zuzuziehen und Rollläden einfach oben zu lassen. Dadurch lässt sich der Rhythmus tatsächlich so beeinflussen, dass die Kinder abends früher müde und natürlich morgens auch besser wach werden. Im Herbst und im Winter, wenn es früh dunkel und spät hell wird, empfehlen wir dir, morgens rechtzeitig das Deckenlicht anzuschalten und vielleicht auch etwas Musik. (Es muss ja nicht gleich Heavy Metal sein.) Bringe Leben in die Bude. Klappere zum Beispiel in der Küche mit dem Geschirr, schalte die Kaffeemaschine ein und lass dein Kind so langsam wach werden.

ANTI-SCHLAFLOS-TIPP AM ABEND!

Ein Helferlein für schlaflose Kinder ist ein kleiner Spaziergang am Abend. Du kannst diese Zeit gut nutzen, um dich mit deinem Nachwuchs über Gott, Lehrer*innen und die Welt zu unterhalten. Häufig erfährst du dann Dinge, die du sonst vielleicht nie erfahren hättest. Dein Kind wird es genießen, wenn ihr am Abend eine solche kleine Privatstunde einschiebt.

Die Lerche plumpst abends quasi nach dem Sandmännchen freiwillig ins Bett und steht auch gerne ab 5 Uhr quietschvergnügt am Elternbett. Vorzugsweise am Sonntag. Und das war es mal wieder mit dem Ausschlafen? Nein, nicht unbedingt: Diese Spezies lädst du am frühen Morgen am besten wortlos, durch bloßes Anheben der Bettdecke, in die Besucherritze ein und setzt ihr ein paar Kopfhörer mit einem Hörspiel auf die Lauscher. Wohlig kuschelnd kannst du so noch ein Stündchen weiterschlummern und wirst wahrscheinlich nach relativ kurzer Zeit ein tief atmendes Kind neben dir liegen haben.

Alle sind wach, der Tag beginnt

Mach bitte schneller, du musst gleich los!, Kannst du bitte noch etwas essen?, Wo ist dein Turnbeutel? Den hattest du doch eben noch! Manchmal ist morgens schon der Wurm drin. Das kennen wir alle, und auch, dass wir Mamas um halb acht schon auf 180 sein können. Obwohl eigentlich nichts Dramatisches passiert ist. Es ist eben nur der alltägliche Wahnsinn.

Wichtig ist uns, dass wir morgens alle immer im Guten auseinandergehen. Wir raten dir, drücke deinem Kind immer noch einen Kuss auf die Stirn und wünsche ihm einen schönen Schultag – auch nach einem kleinen Familienstreit (möglicher Grund: Alles dauert gefühlt hundert Stunden und alle sind schon wieder zu spät). Nie sollte dein Kind wegen Familien-Lappalien bedrückt zur Schule gehen müssen. Ein Zettel in der Brotbox mit einem Herzchen und *Ich habe Dich lieb* drauf macht dein Kind unbeschwert und es wird sich gut auf den Unterricht konzentrieren können.

Schon wieder alles zu knapp?

Ist die „Brut" endlich zur Haustür rausgeschoben, klingelt es garantiert drei Minuten später an der Haustür. Wutschnaubend kommt ein Kind die Treppen hochgekeucht und beschwert sich über einen platten Fahrradreifen, ein aufgeknacktes Schloss oder einen verpassten Schulbus. Was leisten wir als Mütter? Erste Hilfe natürlich, wie immer! Du hechtest mit nassen Haaren in Schlafanzughose zum Auto und fährst das motzende Kind in die Schule, damit es pünktlich um 7:55 Uhr aus dem Auto aussteigt. Ein Blick auf die Uhr beschert dir selbst aber Schweißperlen auf der Stirn, da du massiv im Zeitverzug bist. Es gibt einfach Situationen, die du nicht vorhersehen kannst, daher raten wir dir einmal mehr: atme. Atme richtig tief durch! Dich jetzt aufzuregen, ist nur verschwendete Energie. Besinn dich auf deine To-dos und vertraue dir, dass du alles schaffen wirst, sich auch dieser Tag zurechtruckelt und du rückblickend vielleicht sogar über diese verrückten Situationen am Morgen lächeln kannst.

Mache einen Plan B für das Mittagessen

Trudeln am frühen Nachmittag alle wieder zu Hause ein, kannst du dich schon auf knurrende Mägen einstellen, die schnellstens gefüllt werden müssen. Folgender Dialog könnte dann aber stattfinden: *Mamaaa, ich habe Huuunger. Was gibt es heute? – Eintopf von gestern!* (Das war in diesem Fall offenbar die falsche Ansage!) – *Och nööö! Bäh, warum das denn? Gibt's denn nichts Richtiges zu essen? – Ich könnte noch Eierkuchen machen. Das dauert dann aber noch ein wenig!*

RATAZONG! Dein Kind hat schlechte Laune und du jetzt auch. Weil gerade heute eh schon nichts rund läuft, wolltest du es dir mal leicht machen. Was ja auch dein gutes Recht ist. Weißt du, was du ab jetzt machen kannst? Habe immer ein easypeasy Plan-B-Gericht im Haus. Dein Kind liebt Müsli? Super! Dann gibt es in einem solchen Moment Müsli. Dein Kind mag Nudeln mit Pesto? Klasse, dann mach das schnell. Gemüse könnt ihr auch abends noch essen. Hauptsache ist doch jetzt, dass dein Kind satt wird und du keinen Stress hast, oder?

Nehmt euch zehn Minuten Auszeit nach der Schule

Ist der Bauch endlich gefüllt, geht der eigentliche Stress ja erst richtig los: Musikunterricht, Sportvereine, Bastelnachmittage, Freund*innen treffen, Klassenarbeiten vorbereiten, Hausaufgaben machen usw. An vielen Nachmittagen ist ja immer irgendwas. Vielleicht fühlst du dich manchmal wie in einer U-Bahn – und dein Kind sich auch. Rein, raus, hin und her.

Vielleicht seid ihr beide sogar schon müde, bevor es weitergeht. Wir raten dir deshalb, wenn es irgendwie machbar ist: Baue dir und deinem Kind zehn Minuten Ruhe für euch beide ein, bevor der nächste Programmpunkt beginnt. Ihr könnt reden, schweigen, vorlesen, kuscheln, um den Block gehen – wonach euch beiden auch immer zumute ist. Gönnt euch eure Zehn-Minuten-Power-Auszeit, um Kraft zu tanken. Dann könnt ihr wieder durchstarten!

So machst du den Abend zu eurer Familienzeit

Ein gemeinsames Essen am Abend, wenn wirklich alle am Tisch sitzen können und keiner mehr losmuss, halten wir für ein wichtiges Familienritual. Jeder kann erzählen, was er erlebt hat und was ihn vielleicht bedrückt. So habt ihr Eltern die Chance, euer Kind (oder eure Kinder) besser aufzufangen, ihm Lösungsmöglichkeiten und natürlich eure Hilfe anzubieten. Ihr solltet immer in gutem und engem Kontakt mit eurem Kind bleiben und ihm euer Vertrauen schenken. Nur so kann euer Kind wachsen. Wenn ihr seinen Mut und sein Selbstbewusstsein stärkt, wird es zu einem starken, individuellen Menschen. Bestärke es z. B., indem du ihm sagt: *Du schaffst morgen die Mathearbeit! Du hast fleißig geübt und gibst dein Bestes!* oder vor einer Klassenfahrt: *Natürlich bist du jetzt aufgeregt. Das ist normal. Ich war es auch immer. Wenn was ist, können wir immer telefonieren!*

Unsere Kinder müssen auch uns Erwachsenen vertrauen können. Sie müssen wissen, dass sie jederzeit zu uns kommen und uns um Rat fragen dürfen, ohne dass sie gleich mit Sanktionen zu rechnen haben. Wir müssen sie loslassen und sie sich in einem von uns gemeinsam definierten Rahmen bewegen lassen. Wir dürfen sie auffangen, wenn es mal nicht in die richtige Richtung zu gehen scheint und wir können ihnen körperliche Zuwendung geben. Dein Kind wird es genießen, wenn du es in den Arm nimmst, ihm sagst, wie stolz du auf es bist und dass es ein ganz toller Mensch ist. Schenk deinem Kind abends Zeit. Zeig ihm mit einer festen Umarmung, wie sehr du es liebst. Liebe und Zeit – das sind für uns die beiden wichtigsten Bausteine für eine gesunde Eltern-Kind-Beziehung.

Wir gehen noch einen Schritt weiter: Wir plädieren für eine regelmäßige Eltern-Kind-Auszeit. Wir finden es wichtig, dass Eltern sich mit ihren Kindern nach anstrengenden Schul- und Arbeitswochen gemeinsam erholen. Wir empfinden Tage, an denen wir als Eltern nur unseren Kindern „gehören", als absolut wichtig und unverzichtbar. Gemeinsame Erlebnisse sind nachhaltig. In der Regel machen sie auch mehr Spaß und hinterlassen einen längeren Eindruck als materielle Dinge. Überleg dir schöne Ausflüge, z. B. ins Theater, eine Schatzsuche im Wald, in ein Museum oder in ein Restaurant. Dein Kind wird sich später bestimmt an diese besonderen Tage noch gerne zurückerinnern

 ## Vier Tipps für schwierige Phasen

Du kennst das: Ist die eine Phase vorbei, beginnt eine neue. Du stehst wieder vor einer Herausforderung und fragst dich, wie du damit nun umgehen sollst und wie du dein Kind, aber auch dich selbst, da durch bringen sollst.

> ### GIBT'S DA EINE GEBRAUCHSANWEISUNG?
>
> Manchmal wünschst du dir vielleicht, jemand hätte dir beim Verlassen der Neugeborenenstation an der Tür noch eine Gebrauchsanweisung für die Kinderjahre mitgegeben. Vielleicht beruhigt es dich zu wissen, dass niemand von uns eine solche erhalten hat. Im Grunde machen wir alle das hier zum ersten Mal.
>
> Auch wenn es nicht unser erstes Kind ist, sondern das zweite oder dritte. Es ist jedes Mal anders, schließlich ist jedes Kind anders. Somit machen wir alle die Autonomiephase, die Wackelzahnpubertät und viele weitere wichtige Entwicklungsstufen unserer Kinder immer wieder ein erstes Mal durch. Das bedeutet – auch wenn es manchmal schwerfällt – wir müssen uns immer wieder neu orientieren, uns auf unser Kind einlassen und gemeinsam einen Weg finden.

Das gilt nicht nur für jede neue Phase, sondern manchmal auch für jeden Tag. Das ist unglaublich anstrengend und kräftezehrend! Aber genau das bietet uns auch die Chance, zu wachsen: Gemeinsam mit und an unseren Kindern. Auch auf diese Jahre werden wir

irgendwann einmal zurückschauen und – vielleicht wehmütig seuf-
zend – daran denken, wie schnell die Jahre doch vergangen sind.

Der wichtigste Begleiter durch schwierige Zeiten ist für uns MutterKutter-Autorinnen: eine ganz große Portion Gelassenheit. Über
diese zu verfügen, ist manchmal leichter gesagt als getan. Dennoch
kann man Gelassenheit tatsächlich auch ein Stück weit lernen. Die
Gelassenheit hilft uns Müttern, aber gleichzeitig auch unseren Kindern. Erleben diese nämlich ein Gegenüber, das sie ruhig und sicher
durch stürmische Zeiten begleitet, wird es automatisch leichter für
sie, mit innerer Verunsicherung, Entwicklungssprüngen und neuen
Lebensabschnitten zurechtzukommen. Lass uns gemeinsam schauen,
wie du Schritt für Schritt zu mehr Gelassenheit in schwierigen All-
tagssituationen gelangen kannst.

Tipp 1: Lass dein Kind einfach nur sein

Obwohl du natürlich weißt, dass jedes Kind anders ist, ertappst
du dich vielleicht immer wieder dabei, dein Kind mit anderen
zu vergleichen – sei es nun mit dem Geschwisterkind oder den
Klassenkamerad*innen. Und schon steckst du in der Sorgenfalle:
Warum kann sich dein Kind schlechter konzentrieren als andere?
Warum ist es so wenig interessiert an neuem Wissen? Warum machen
ihm Bewegungsspiele oder überhaupt die meisten Sportarten so wenig
Freude? Warum ist es so wenig kontaktfreudig? Natürlich kannst du
dir diese Fragen stellen. Es ist auch wichtig, zu schauen, warum
etwas so ist, wie es ist. Dazu bedarf es eines Check-ups, ob die Rahmenbedingungen für dein Kind stimmen. Als Beispiel: *Bekommt dein*
Kind ausreichend Schlaf? Gibt es körperliche Gründe dafür, dass ihm
Bewegung keinen Spaß macht? Fühlt es sich in der Klassengemeinschaft
wohl? Hast du dir die wichtigen Eckpunkte angeschaut und dich am
besten auch noch mit den Lehrer*innen, möglicherweise auch mit
dem Kinderarzt oder der Kinderärztin ausgetauscht, dann liegt es an
dir, tief durchzuatmen und zu sagen: *Mein Kind ist so, wie es ist. Ich*

habe vielleicht Wünsche und ich kann mir gewisse Dinge anders vorstellen, das ändert aber nichts und spielt keine Rolle. Ich lasse mein Kind einfach sein wie es ist.

EINFACH MAL LOSLASSEN

Allein diese Erkenntnis wird dir helfen, ein großes Stück loszulassen. Dein Kind ist ein ganz eigenes Individuum. Mit seiner eigenen Entwicklungsgeschwindigkeit, seinen eigenen Talenten und seiner eigenen Persönlichkeit. Manche Kinder brauchen erst einmal eine gewisse Zeit, bis sie sich mit der neuen Umgebung in der Schule so arrangiert haben, dass sie sich auf das Lernen an sich konzentrieren können. Andere Kinder wiederum stürzen sich auf den Schulunterricht, saugen alles auf, und die Vertiefung der sozialen Kontakte kommt erst später hinzu. Du hast die großartige Möglichkeit bekommen, dein Kind zu begleiten, es bei Bedarf zu unterstützen und es ansonsten einfach nur zu lieben.

Tipp 2: Gib etwas ab – und schaffe dir Auszeiten!

Gerade in schwierigen Situationen möchtest du ganz besonders eng an der Seite deines Kindes sein. Auch beim Lernen in der Schule möchtest du es jetzt unterstützen. Hat es z. B. Probleme, das neue Thema in Mathe zu verstehen, möchtest du dich mit ihm hinsetzen und es ihm erklären. Das alles ist absolut richtig! Du bist seine Mama und dein innigster Wunsch ist es, dass dein Kind glücklich ist. Du möchtest ihm dabei helfen, genau das zu werden. Eine sichere Bindung zu dir wird dein Kind ein Leben lang schützend durch sein Leben begleiten.

Doch aufgepasst! Manchmal ist es auch gut und wichtig, als Mama ein wenig zurückzutreten. Manchmal braucht ihr beide ein wenig Luft, um zu atmen. Möglicherweise kommt ihr ansonsten an einen Punkt, an dem ihr euch gemeinsam nur noch im Kreis dreht. Zudem ist es im Schulalter absolut normal und auch wichtig, dass sich Kinder immer weiter „freischwimmen". Als Mama hast du nun die Aufgabe, genau das liebevoll zuzulassen. Noch ein Beispiel: Du möchtest deinem Kind die Rechenaufgaben verständlich. machen. Du erklärst sie immer und immer wieder. Dein Kind hört zu, rechnet sie aber immer wieder falsch. Du wirst langsam ungehalten und ungeduldig. Dein Kind beginnt, sich unwohl zu fühlen, und viele verschiedene Emotionen zwischen euch spielen hinein. Das Ende vom Lied: Dein Kind weint, du bist genervt und die Mathehausaufgaben sind noch immer nicht gemacht. Ihr beide fühlt euch schlecht.

Das ist sehr schade, denn im Grunde ging es ja um eine ganz banale Sache. Deswegen ist bei solchen Dingen wichtig: Du als Mama musst nicht alles machen! Vielmehr noch: Manchmal ist es sogar gerade gut, wenn du etwas nicht machst – sowohl für dich als auch für dein Kind. Merkst du, dass gemeinsames Lernen für euch beide nur in Stress ausartet, gib es ab! An den Papa, an die große Schwester, an ein älteres Kind.

AUSZEIT FÜR ALLE

Schaffe sinnvolle Auszeiten für euch beide: Das Kind lernt mit einer anderen Person, und du nutzt die Zeit und gehst währenddessen zum Sport. Das heißt nicht, dass du als Mutter versagst, sondern ganz im Gegenteil! Es bedeutet, dass du als Mutter in einem schwierigen Moment das Beste für euch entscheidest. Du als Mama darfst abgeben und die gewonnene Zeit sinnvoll für dich nutzen.

Tipp 3: Vertrau dem Lauf der Dinge!

Natürlich gibt es Entwicklungsstufen, die Kinder in einem gewissen Alter erreicht haben sollten, damit eine gesunde körperliche und geistige Entwicklung gesichert ist. Dennoch ist es erstaunlich, wie groß die Spannbreiten sind! Sowohl bei der Körpergröße als auch bei motorischen Fähigkeiten. Und das sind nur zwei Beispiele. Es ist absolut verständlich, dass wir uns immer wünschen, dass unsere Kinder immer und überall gut dabei sind. Letztendlich ist das aber Quatsch, weil es einfach nicht der menschlichen Natur entspricht. Deshalb lass den Dingen seinen Lauf.

Manchmal wirst du überrascht, und vieles, von dem du geglaubt hast, dein Kind schafft das womöglich nie, gelingt ihm plötzlich ganz leicht. Es brauchte einfach noch ein bisschen Zeit (möglicherweise sehr viel mehr als andere Gleichaltrige). War dein Kind in der Kita immer das kleinste und schwächste, so schießt es jetzt in die Höhe. Zappelte es in der ersten Klasse ständig rum und störte die anderen Kinder, so bist du erstaunt, mit welcher Konzentration und wie viel Freude es schon bald die schönsten Geschichten schreiben kann. Das Wichtigste hier: Bleibe im Gespräch mit den fachlich geschulten Personen, wenn du dir ernsthaft Sorgen machst. Fördere und fordere, wo es möglich und nötig ist. Und ansonsten: Hab Vertrauen in die wunderbare Kraft der Entwicklung.

Tipp 4: Lass dein Kind noch unabhängiger werden!

Mit Eintritt in die Schule verändert sich auch das Sozialverhalten deines Kindes. Wurden Konflikte in der Kita-Zeit hauptsächlich noch von Erzieher*innen überwacht, ändert sich das in der Schulzeit nun. Die Kinder machen jetzt sehr viel mehr untereinander aus – auf dem Fußballplatz, dem Pausenhof oder auf dem Schulweg. Das stellt Kinder vor eine weitere Herausforderung.

Du musst nun manchmal einfach aushalten, dass dein Kind auch diesbezüglich immer unabhängiger wird. Natürlich gilt es hier, ein wachsames Auge darauf zu haben, in welcher Form Auseinandersetzungen geführt werden, ob dein Kind ausgegrenzt oder gemobbt wird. Dennoch: Erkennst du an, dass auch negative Gefühle und das selbstständige Lösen von Konflikten wichtig für dein Kind sind, fällt es dir leichter, es dies alleine meistern zu lassen. Das kann dein Kind mal wütend und traurig machen oder frustrieren. Dennoch ist es keine Lösung, dass du diese Dinge (weiterhin) für dein Kind klärst! Traue deinem Kind zu, dass es Beziehungen nun langsam und sicher selbstständig gestalten kann. Sei da, wenn es dich braucht, höre zu, unterstütze, aber gib ihm die Chance, an seinen zwischenmenschlichen Beziehungen zu wachsen!

 ## Wenn es Probleme in der Schule gibt

Du ahnst es, auch beim Thema „Schule" warten neue Herausforderungen auf euch, wenn du ein Schulkind hast. Plötzlich siehst du dich vollkommen neuen Situationen gegenüber. Die drei häufigsten Fälle schauen wir uns nun gemeinsam mit dir an.

Hilfe, mein Kind hat keine Lust zu lernen!

Boah, du könntest aus der Haut fahren! Diese ständigen Diskussionen um Schule, Lernen und Hausaufgaben machen dich mittlerweile wahnsinnig! Warum versteht dein Kind denn nicht, dass es das alles nicht für dich tun soll, sondern für sich selbst!? Dass eine gute Schulausbildung das A und O ist und regelmäßiges Lernen und zuverlässig gemachte Hausaufgaben einfach wichtig sind!? Und dass es immer schwerer wird, nicht den Anschluss zu verlieren, wenn grundsätzlich so eine Null-Bock-Haltung besteht!? Was kannst du ganz praktisch tun, um dein Kind zu motivieren?

Checke die Gründe! – Gar nicht so selten ist das Thema „Schule" nur der Austragungsort für andere Konflikte. Im Grunde geht es deinem Kind gar nicht darum, dass es keine Hausaufgaben machen oder nicht für eine Arbeit lernen möchte. Mit seiner ablehnenden Haltung will es vielmehr seine Autonomie dir gegenüber signalisieren, ganz nach dem Motto *Du hast mir gar nichts zu sagen, ich entscheide selbst, wann und wie ich lerne!* Prüfe doch mal ganz in Ruhe, ob das bei deinem Kind so sein könnte. Und verhalte dich dann so, wie es das ganz bestimmt nicht erwartet: Du wirfst den Ball zurück in sein Spielfeld. Denn es ist ja tatsächlich so, dein Kind soll nicht für dich lernen, sondern für sich selbst. Wenn du ihm aber ein anderes Gefühl vermittelst, indem du dauernd hinter deinem Kind her bist, damit es dies und jenes für die Schule tut, kann es beides schon einmal leicht verwechseln.

ÜBERTRAGE DEINEM KIND VERANTWORTUNG

Ab etwa acht Jahren ist es sehr gut möglich, zu sagen: *Heute Abend schaue ich mal deine Hausaufgaben durch. Ich weiß, dass du selbst entscheiden kannst, wann du sie machst.* Oder: *Sonntag frage ich dich die Vokabeln für den Englischtest ab. Du hast jetzt ein paar Tage Zeit dafür. Teile sie dir doch selbst so ein, wie du es gut findest. Sonntag schauen wir dann zusammen.* Übertrage deinem Kind auch hier eine Verantwortung. Es wird mit Sicherheit das ein oder andere Mal schief gehen. Das macht aber nichts. Das bietet euch dann die Möglichkeit, gemeinsam zu schauen, wie ihr es besser machen könnt. Von deiner Seite aus sollte es da natürlich keinen Vorwurf geben, wie *Ich habe dir doch gleich gesagt, dass du die Hausaufgaben am besten gleich nach der Schule machst!* etc.

Es kann aber auch durchaus sein, dass dein Kind einfach nicht für die Schule lernen will, weil die Lernmotivation dafür von außen kommt. Denn die Lehrer*innen geben die Themen vor – unabhängig davon, was dein Kind eigentlich gerade interessiert und wo es steht. Dein Kind hat also jede Berechtigung dazu, den Lernstoff doof zu finden oder nur so wenig Zeit wie möglich damit zu verbringen. Auch an dieser Stelle gilt einmal mehr: Nimm den Druck raus und atme durch.

Es ist nicht deine Aufgabe, dein Kind von der Sinnhaftigkeit der Hausaufgaben zu überzeugen. Es kommt wahrscheinlich immer wieder der Punkt, an dem auch du sie hinterfragst. Du darfst deinem Kind zeigen, dass du es und seine Unlust am Lernen verstehst. Das steht nicht im Widerspruch dazu, dass du es wichtig findest, zu lernen und Hausaufgaben zu machen. Stattdessen schafft es eine Verbindung zwischen euch. Und die ist – wie so oft – Basis für eure gemeinsame Entwicklung.

Hilfe, mein Kind mag die Lehrkraft nicht!

Begleite dein Kind durch die Erfahrung, keine oder nur wenig Sympathien für seine*n Klassenlehrer*in zu haben! Es wird ja schließlich immer wieder passieren, dass dein Kind mal eine Lehrkraft gar nicht leiden kann. Das macht aber überhaupt nichts, denn ganz platt gesagt: Es bereitet dein Kind auf sein weiteres Leben vor. Ganz ehrlich, auch wir Mamas haben nicht den ganzen Tag nur mit Menschen zu tun, die wir mögen. Hat dein Kind wirklich ernsthafte Probleme, ist es natürlich wichtig, dass du das Gespräch mit der Lehrerin bzw. dem Lehrer suchst, die Dinge beim Namen nennst und dich für dein Kind einsetzt. Wenn es nötig ist, kannst du auch bei Elternvertreter*innen oder der Schulleitung vorsprechen.

Handelt es sich aber nur um ein *Ich finde den einfach doof und Mathe mag ich auch nicht,* dann reagiere ganz gelassen und rede deinem Kind dieses Gefühl nicht aus. Es muss nicht jeden mögen! Punkt. Das kannst du ihm auch genauso sagen. Es ist völlig in Ordnung, negative Gefühle zu haben. Du hast auch Kolleg*innen oder vielleicht Vorgesetzte, die du nicht leiden magst. Sag ihm das.

Wichtig ist jetzt einfach, dass dein Kind seine Abneigung nicht auf die Schule überträgt und für sich trotz Antipathie einen guten Weg findet. Schau deshalb, dass du es für die Schule motivierst, ganz losgelöst von der Lehrkraft. Lass dein Kind gerne schimpfen, haue aber nicht in die gleiche Kerbe. Vielleicht glaubst du auch, dass dein Kind die Lehrer*innen mögen sollte. An dieser Stelle möchten wir dir sagen: Die Verantwortung für die Beziehung deines Kindes zu

Lehrer*innen liegt nicht bei dir. Du darfst sie getrost abgeben an die zwei Beziehungspartner*innen. Es ist Aufgabe des Lehrers bzw. der Lehrerin, sich um eine tragfähige Beziehung als Grundlage des Lernens zu bemühen. Natürlich darfst du dein Kind auffangen, das Gespräch suchen und dir das Beste für dein Kind wünschen. Aber du trägst diese Verantwortung nicht (alleine) auf deinen Schultern.

Hilfe, mein Kind kann sich nicht konzentrieren!

Vorweg: Falls du wirklich ernsthafte Sorgen hast, dass dein Kind eine Störung seines Aufmerksamkeitsvermögens hat, sprich bitte mit den Lehrer*innen und auch mit dem Kinderarzt oder mit der Kinderärztin über deinen Verdacht. Es gibt verschiedene Möglichkeiten, dies zu untersuchen und es gehört in fachliche Hände. Wir möchten hier darauf gar nicht eingehen, sondern über die Situationen sprechen, die tagtäglich in allen Familien mit Kindern passieren – und die uns Mütter einfach nur zur Weißglut treiben!

Stell dir mal folgendes Szenario vor: Dein Kind soll einen Text abschreiben. Es kaut dabei auf seinem Stift herum, dann kullert der Radiergummi runter, dann fällt ihm ein, dass es den Bleistift noch spitzen muss usw. So könnte es stundenlang weitergehen, ohne dass am Ende ein einziger Buchstabe im Heft steht. Hier ist es ganz wichtig, zu schauen, warum dein Kind gerade solche Probleme hat, sich zu konzentrieren. Wir Erwachsenen unterschätzen nämlich oft die möglichen Störfaktoren für ein Kind. Das bedeutet, dein Kind sollte unbedingt einen ungestörten Arbeitsplatz haben, ohne einen kleinen Bruder, der daneben auf dem Boden sitzt und Lego spielt. Dein Kind muss satt sein und genug getrunken haben, ohne dass der Bauch übervoll ist. Obwohl wir Erwachsenen oft denken, dass direkt nach der Schule der richtige Zeitpunkt sei, um Hausaufgaben zu machen, weil dann der restliche Nachmittag frei ist, kann genau das für dein Kind sehr schwierig sein. Viele Kinder brauchen erst einmal eine Zeit in der Kuschelecke, möchten in einem Buch blättern, spielen oder toben.

Viele Kinder wollen auch erst einmal ganz in Ruhe von ihrem Schultag erzählen.

Falls das bei deinem Kind so ist, solltest du das respektieren und nicht versuchen, etwas daran zu ändern.

Gehe es pragmatisch an und gib deinem Kind diese Möglichkeiten. Verabredet eine unverhandelbare Uhrzeit *(Wenn der kleine Zeiger auf der drei steht und der große auf der zwölf, ist es Zeit, Hausaufgaben zu machen)*, wann es Zeit ist, sich noch einmal zu konzentrieren und sich hinter die Bücher zu klemmen.

ACHTUNG, MECKERFALLE!

Obwohl es natürlich absolut verständlich wäre, als Mama in solchen Momenten mal die Geduld zu verlieren, ungeduldig zu werden und zu schimpfen, ist eins völlig klar: Durch Meckern wird sich dein Kind nicht besser konzentrieren können. Deshalb ist es so wichtig, dass du unbedingt die Ruhe bewahrst, so schwer es für dich auch sein mag. Falls dir das nicht immer gelingt, hadere nicht damit. Das sagt nämlich vor allem eines über dich aus: Wir Mamas sind ganz normale Menschen!

LIEBE, SEX UND KRISENMANAGEMENT

Jetzt liegt der Fokus vor allem auf dir und deinem Wohlbefinden. Lehne dich zurück, schalte deinen Mama-Alltag ein Stück weit aus und denke an Liebe, Sex und Partnerschaft, denn auch dieses magische Trio gehört unverzichtbar dazu, wenn es darum geht, ein erfülltes Leben zu führen!

 ## Auch Sex ist eine Auszeit!

Let's Talk About Sex, Mami! What?! Genau! Diese besondere „Sache" zwischen zwei Liebenden. Die Sache, mit der dieses verrückte und wunderschöne Mamasein begann. Diese Nummer ... von der wir manchmal sagen: *Huch, äh, ist das echt schon wieder drei Wochen her? Das kann nicht sein! Du willst jetzt? Echt? Och nööööö. Jetzt bin ich wirklich zu K.o.* – Na, fühlst du dich ertappt? Sind wir nicht alle oft ein bisschen müde? Und hat nicht bei vielen von uns der Schlaf im Schlafzimmer die Oberhand gewonnen und den regelmäßigen Sex verdrängt? Yes. Falls du gerade vor Schreck die Luft angehalten hast, darfst du jetzt ausatmen. Du bist nämlich nicht alleine damit! Das ist die gute Nachricht.

Sex fällt bei vielen Eltern hintenüber, das wissen wir aus vielen Gesprächen mit Müttern. Einer der Gründe, den wir immer wieder zu hören bekommen, lautet: *Ich „rödel" oft ja schon den ganzen Tag rum, hechte von A nach B, bin die meiste Zeit des Tages fremdbestimmt – und dann möchte ich abends am liebsten meine Ruhe haben. Ich will den Pyjama anziehen, statt mich auszuziehen. Ich möchte mich ausruhen, statt mich noch gemeinsam mit jemand anderem zu bewegen. Ich will einfach mal nur für mich selbst da sein, statt für jemand anderen. Ich brauche Ruhe!* – Das ist alles nachvollziehbar!

Und trotzdem: Wische das Thema nicht leichtfertig beiseite. Ihr seid ja nicht nur Eltern, sondern auch ein Paar – und Sex bringt nicht zuletzt auch gesundheitliche Vorteile! Wir möchten uns jetzt mit dir gemeinsam um das Thema Schlafzimmer – nein, weiter gefasst – um deine Partnerschaft und eure Liebe kümmern. Wir möchten eure Liebe wieder entflammen und deinen Fokus (wieder) auf die Partnerschaft richten! Oft wandert dieser im Alltag ja sehr auf die Kinder – weg von der Beziehung und von dir selbst. Na klar, das geschieht ein Stück weit durch Mutter Natur, die uns dazu bringt, uns um den Nachwuchs zu kümmern. Aber dein*e Partner*in ist doch auch noch da! Da seid ihr, als Paar, und zwischen euch ist ein Band, das so wichtig ist: das Band, das sich Elternschaft nennt. Ihr habt euch gemeinsam in das Abenteuer „Familie" gestürzt, weil ihr euch liebt. Ihr habt gemeinsam Kinder bekommen, die das Produkt eurer Liebe sind. Wie schön ist das eigentlich?!

WAS IST EINE BEZIEHUNG OHNE SEX?

Kehren wir mal zum Ausgangspunkt dieses Kapitels und dem von Kindern zurück: zum Sex. Er ist eine wichtige Basis für eine gute Partnerschaft. Wie fühlt sich der Gedanke an? Ist Sex das für dich? Eine tolle und wichtige Sache – und eben nicht nur eine unwichtige Nummer? Gehen wir mal einen Schritt weiter: Wir finden, ohne Sex ist eine Partnerschaft wie ein Bett ohne Decke. Oder wie eine Pflanze ohne Wasser. Denn ohne Sex ist eine Partnerschaft keine Liebesbeziehung, sondern – sprechen wir es offen aus – eine Freundschaft.

Zwischen euch gibt es vermutlich mehr und anderes als in einer Freundschaft: tiefe Verbundenheit und Liebe mindestens. Deshalb schauen wir auf den Sex: Er sollte keine Pflichtübung für dich sein, sondern eine Auszeit, die euch Energie liefert und euch sehr entspannt. Falls du mal wieder keine Lust hast: Erinnere dich an das gute Gefühl danach. Vielleicht bist du danach befreiter, entspannter, gelassener, energiegeladen, voller Liebe – und trägst ein wunderschönes Lächeln im Gesicht. Vielleicht kannst du beim Sex alles andere vergessen und einfach mal nur SEIN. Wie das klappen kann – das erzählen wir dir in diesem Kapitel. Zunächst bekommst du erst einmal fünf knackige Tipps rund um das Thema „Liebe".

MERKE!

Uns geht es absolut nicht darum, dich gedanklich zu irgendetwas zu drängen. Wenn wir von Sex sprechen, meinen wir Sex als Basis einer Beziehung, die grundsätzlich glücklich ist, in der beide wissen, dass sie zueinander gehören, sich aber in Sachen „Nähe" ein Stückchen verloren haben. Natürlich ist Sex kein Allheilmittel, kann keine Wunden heilen und ersetzt auch keine Paarberatung.

 ## Fünf Tipps, wie du eure Liebe neu entflammst

Sex ist Leben. Sex ist loslassen. Sex ist Spaß haben, Kopf ausschalten, lachen und fühlen. Sex darf (wieder) zu einer Basis deiner Beziehung werden Sex darf eure Liebe dahin zurückholen, wo sie mal angefangen hat. Mit einem Feuer. Und viel Leidenschaft für den anderen – und damit auch für dich selbst. Wie das klappen kann, das erzählen wir dir jetzt! Uns geht es nicht nur um dein Sexleben, sondern auch um deine Partnerschaft und die liebe Liebe.

Tipp 1: Erinnere dich an den Anfang!

Wir kennen das alle: Manchmal ärgern wir uns extrem über unsere*n Partner*in, können uns regelrecht an ihm bzw. ihr abarbeiten, Wut an ihm bzw. ihr rauslassen und ihm bzw. ihr Vorwürfe machen, weil er*sie ... wieder nicht nachgedacht, Versprechungen nicht eingehalten, sich nicht gemeldet oder nicht gekümmert hat usw. Die Liste kann lang werden, wenn wir erst einmal sauer auf ihn*sie sind.

Du bist auch wütend auf deine*n Partner*in? *STOPP!* Wir bitten dich einmal, dich daran zu erinnern, mit wem du damals zusammengekommen bist. Hat sich dein*e Partner*in wirklich grundlegend verändert? Oder ist er*sie eigentlich noch genau der Mensch, in den du dich verliebt hast? Vielleicht ist er*sie sich einfach treu geblieben und hat genau die Charaktereigenschaften behalten, die er*sie schon am Anfang eurer Beziehung hatte. Falls das so ist: Warum regst du dich jetzt so auf? Was vermisst du? Was brauchst du? Wir raten dir, dich an den Menschen zu erinnern, für den du dich entschieden hast. Hol dir schöne Momente aus der Vergangenheit ins Gedächtnis und fühle hinein. Wie ist das? Wird dir warm ums Herz? Musst du lächeln? Ist er*sie immer noch derselbe Mensch mit denselben Ecken und Kanten? So wie du eben auch derselbe Mensch geblieben bist? Vielleicht hilft dir genau dieser Gedanke, wenn du sauer bist: *Ja, ich bin zwar richtig sauer, aber ... es ist einfach der Mensch, den ich ausgewählt habe.*

REDEN HILFT!

Falls du dann immer noch das Gefühl haben solltest, dass irgendetwas nicht stimmt, sich deine*e Partner*in doch extrem verändert hat und nicht mehr die Person ist, für die du dich entschieden hast, dann nimm dir die Zeit und fasse dir ein Herz: Rede mit ihr. Sag, was dir auf dem Herzen liegt, was du fühlst und was du dir wünschst. Nur so schafft ihr eine offene Gesprächsbasis. Da es ja (fast) immer zwei Menschen sind, die eine Situation erschaffen: Höre auch zu und sei offen für Kritik. Nur so könnt ihr beide gemeinsam etwas verändern.

Tipp 2: Schaut euch in die Augen, Baby!

Eine klassische Paar-Situation im Jahr 2020: zwei Menschen, ein Paar – zwei Handys. Die beiden sitzen auf dem Sofa, sie reden miteinander, aber schauen gleichzeitig, was in diesem World Wide Web passiert. Doof! Oder anders gesagt: Von außen aus betrachtet ist es traurig. Von innen betrachtet wissen wir: Das kennen wir wohl auch alle.

Wie oft schaust du deinem Partner bzw. deiner Partnerin in die Augen, wenn ihr sprecht? Wie oft bist du ganz bei ihm*ihr und bei der Sache, die er*sie anspricht, statt im Facebook-Chat, im Instagram-Feed oder bei der nächsten Jeans-Bestellung in einer deiner Shopping-Apps? Es sind diese kleinen Momente, die zählen, in denen du deinem Partner bzw. deiner Partnerin die volle Aufmerksamkeit schenkst und ihm*ihr in einem Augenblick zeigst: *Schatz, ich bin da. Ich höre dir zu. Schön, dass es dich gibt.*

EIN PAAR BEISPIELE

Du kochst gerade das Mittagessen, dein*e Partner*in fragt dich etwas. Du schaust hoch und blickst ihn*sie an. – Du liest endlich mal wieder ein Buch und wirst was gefragt? Macht nichts! Signalisiere einfach: *Ja, du bist wichtig!* – Du möchtest nur schnell mal eine wichtige Sache googlen, gleichzeitig möchte dein*e Partner*in etwas wissen. Sei da, guck ihm*ihr in die Augen und sei bei ihm*ihr jetzt in diesem Moment.

Mal ganz ehrlich: Es tut doch so gut, wenn wir einander in die Augen schauen, uns damit gegenseitig fühlen und auch den Augenblick achten. Einander anzugucken und nicht wegzuschauen – das ist auch ein Teil von Wertschätzung, Respekt und Liebe. Probiere es doch einfach mal aus!

Tipp 3: Kleine Gesten haben große Wirkung

Ein kleiner Kuss in den Nacken. Einmal schnell zwischendurch die Hand des Partners bzw. der Partnerin nehmen und drücken. Eine feste Umarmung. Das Lieblingsgericht als Überraschung. Ein kleiner Zettel mit der Aufschrift: *Danke, dass du da bist! Ich habe dich lieb.* Ein Lächeln, das mehr sagt, als viele, viele Worte. Ja, klar, es klingt nach Groschenroman-Schmalz, aber dennoch: Liebe braucht Nahrung. Liebe braucht Aufmerksamkeit. Und Liebe braucht auch kleine Gesten. Liebe ist das, was die Familie zusammenhält und stark macht. Liebe ist ein Fundament. Liebe kann vieles kitten und Liebe ist vielseitig. Das ist doch total schön. Also, wir möchten dich ermutigen: Zeige im Kleinen, wie sehr du liebst. Dann bekommst du Liebe doppelt zurück.

Tipp 4: Sag, worüber du dich freuen würdest!

Wir sagen es immer wieder: Sprich über deine Gefühle und Wünsche, denn reden hilft. Das gilt auch für deine Beziehung, deine Partnerschaft.

BLOSS NICHT UNGEDULDIG WERDEN!

Und noch etwas Wichtiges: Es heißt nicht, dass sich von jetzt auf gleich alles verändert, weil du was gesagt hast. Es können sich auch nach und nach Dinge verändern. Stück für Stück. In eurem eigenen Tempo. Aber auch das ist toll. Wichtig finden wir immer, einander zu sagen, was wir uns wünschen – ansonsten entsteht nur Frust. Genau den wollen wir ja umgehen! Du sollst Ballast abwerfen und darfst eins sein: glücklich und zufrieden. Das gilt nicht nur für dich, sondern auch für deine Beziehung.

Angenommen, dein*e Partner*in hat sich tatsächlich sehr verändert und das stresst dich: Rede mit ihm*ihr. Angenommen, er*sie regt dich auf, weil er*sie immer und immer wieder Sachen vergisst: Sag es! Angenommen, du wünschst dir so sehr endlich mal Blumen und dazu eine handgeschriebene Karte zum Geburtstag zu bekommen: Sag es! Er*sie kann es dir nicht – das hatten wir ja schon – an der Stirn ablesen. Das gilt natürlich auch für Sex. Du möchtest was Neues ausprobieren und dir gefällt irgendetwas dabei nicht. Erzähl ihm*ihr, was dir durch den Kopf geht. Das ist wichtig, finden wir.

Tipp 5: Verabredet euch zum Sex-Date!

Jetzt mal „Butter bei die Fische": Hast du dich mit deinem Partner bzw. deiner Partnerin schon mal zum Sex verabredet? Habt ihr das in eurem Terminkalender eingetragen? Vielleicht sogar in den Familienkalender? Da müssen ja nicht die drei Buchstaben stehen, die die Schulkinder durchaus lesen können. Ihr könnt den Termin in euren Geheimkalender eintragen oder ihn im Familienplaner mit einem Sternchen versehen.

SEXY RANDNOTIZ

Noch eine sexy Randnotiz: Wir haben unsere Instagram-Follower*innen auf dem MutterKutter-Kanal mal gebeten: Vervollständige diesen Satz „Sex ist ...!" Eine der unterhaltsamen Antworten war: „,... perfekt auf die Länge einer Folge Bibi & Tina abgestimmt. Das ‚Drumherum' wird nur praktiziert, wenn die Kinder außerhäusig betreut sind." Wir mussten sehr lachen und dachten gleichzeitig: Warum eigentlich nicht?

Hmmm ... Vielleicht fühlt sich eine Verabredung zum Sex ein bisschen mechanisch und stumpf an für dich. Aber: Warum denn eigentlich nicht? Wir gehen Essen, ins Kino, auf Partys usw. Das tragen wir doch auch in den Kalender ein. Warum denn dann nicht auch den Sex? Klar, Vorfreude und Lust kann man nicht auf Knopfdruck programmieren. Aber du kannst dich auf Sex einstellen und dir vorstellen, wie schön das wird. Dann kommt es garantiert auch nicht dazu, dass du sagst *Huch, es ist doch nicht schon wieder drei Wochen her. Das kann nicht sein!* Es gibt keine Ausreden mehr. Plant eure Sex-Auszeit! Vielleicht probiert ihr das mal aus und riskiert es, gerade weil es sich für dich so seltsam anfühlt.

 ## Mama und (Liebes-)Partnerin sein – so gelingt dir der Spagat

Erinnerst du dich noch an Hape Kerkeling in seiner Rolle als Evje van Dampen? Was sagte sie vor einem großen Publikum? – *Liebe ist: Arbeit, Arbeit, Arbeit!* Evje hat völlig Recht! Es gibt nichts Schöneres als eine Beziehung, aber es gibt auch nichts Anstrengenderes als eine Beziehung. Ständig muss man an vielen Schrauben drehen, damit die Liebe und die Verbundenheit bleiben und nicht zerplatzen wie ein zu prall gefüllter Luftballon.

MANCHMAL GIBT ES KEINE ALTERNATIVE

Es macht tatsächlich keinen Sinn, immer alles auf Biegen und Brechen durchzuhalten. Manchmal entwickeln sich die Dinge doch anders. Manche Paare können keinen Konsens mehr finden und trennen sich. Ein Rosenkrieg ist manchmal unumgänglich, bis alle Fronten geklärt sind. Das ist ein wahnsinnig anstrengender Prozess für alle Beteiligten. Aber es kann auch gut gehen. Manche getrennten Paare entwickeln einen besseren Weg, miteinander zu kommunizieren, als zuvor.

Haltet durch!

Wir glauben, dass ein wirklich großes Zaubermittel unsere Kommunikation ist. Wir empfehlen, immer wieder mit deinem Partner bzw. deiner Partnerin den Dialog zu suchen und dann tonwahrend und nicht zwischen Tür und Angel die Dinge anzusprechen, die dich an eurer Beziehung stören. Pflegt einen respektvollen Umgang miteinander, bevor ihr die Achtung voreinander verliert. Die Liebe ist wie Achterbahn fahren. Mal geht es gemeinsam aufwärts und mal abwärts. Seid ihr gemeinsam oben angelangt, genießt doch mal zusammen die Aussicht.

Wenn wir im Tal angekommen sind, knallen die Türen und die Fetzen fliegen. Warum? Weil wir manchmal einfach übermüdet sind und uns unfair behandelt fühlen. Wir denken: Wir müssen immer alles machen und der bzw. die andere guckt bloß aus der Ferne zu! Das ist so, weil uns unsere Hormone steuern und uns in die eine oder andere Stimmungs-Schieflage bringen und weil wir uns weiterentwickeln und wir Dinge plötzlich ganz anders sehen, als wir sie vielleicht noch vor einem Jahr gesehen haben.

Der große Trost ist, dass es normal ist, dass ihr diese Entwicklung als Paar durchlauft. Schafft ihr es, als Paar zusammenzubleiben, werdet ihr irgendwann durch ein starkes Band miteinander verbunden sein. In den wenigsten Fällen ist eine Beziehung eine Linie, die beständig geradeaus verläuft. Die meisten Paare laufen doch alle eher im Zick-Zack-Kurs und behalten dabei hoffentlich das gemeinsame Ziel in den Augen.

Gehe auf deine*n Partner*in zu

Was kannst du mit deinem Partner bzw. deiner Partnerin – gemeinsam als Paar – tun, damit eure Beziehung liebevoll und harmonisch bleibt? – Wenn es bei euch zu Hause mal wieder knallt, sodass die Wände wackeln, beruhigt euch erst mal jeder für sich. Es bringt nichts, geladen und voll negativer Energie ein Gespräch zu führen. Vielleicht brauchst du einen kleinen Spaziergang an der frischen Luft oder es reicht der Abstand durch den Aufenthalt in einem anderen Zimmer. Ist die Wut abgeklungen, nähert ihr euch wieder einander an. Vielleicht könnt ihr eine Kultur der Entschuldigung einführen.

Sie ist oft der Türöffner für ein Gespräch, das im Anschluss erfolgt. Wenn du auf den*die andere*n zugehst und sagst: *Es tut mir leid, dass ich dich eben so angegangen bin. Ich war wütend auf dich, weil ... Bitte verstehe meine Situation und ich entschuldige mich bei dir für mein Verhalten.* Schwupps, sitzt ihr auf dem Sofa und könnt euch wieder in die Augen gucken.

Klärt die Fronten, indem sich jede*r erklärt und seine*ihre Sicht der Dinge äußern darf. Beginnt das Gespräch mit dem Vorhaben, einen Konsens zu finden. Denke an das, was du schon gelesen hast: Du hast dich aus diversen Gründen für deine*n Partner*in entschieden. Es gibt viele liebenswerte Dinge an ihm*ihr, die dich dazu bewogen haben, dich auf eine Beziehung einzulassen. Gestehe dir auch ein, dass zu einem Streit immer zwei gehören. Auch du trägst einen Anteil an einem Disput!

KOMM KUSCHELN, BABE!

Schlenderst du durch die Buchhandlungen, findest du zahlreiche Ratgeber, die das Thema „Bonding" behandeln. Wir finden, dass Bonding nicht mit dem Säuglings- oder Kleinkindalter aufhören sollte, denn Körperkontakt ist so wichtig! Auch in einer Partnerschaft ist er unverzichtbar. Also: Berührt euch und genießt den Augenblick.

Liebe und körperliche Nähe

Kuscheln, sich streicheln und liebkosen, sich einfach mal spontan in den Arm nehmen – das sollte uns bis ins hohe Alter begleiten. In Berlin haben wir mal große Werbeplakate einer Krankenkasse gesehen mit der Botschaft: *Geht Omas drücken.* Wir dachten: richtig so! Denn beim Kuschen werden Endorphine und andere Glückshormone ausgeschüttet, die unsere Gesundheit positiv unterstützen.

Unser Credo für dich und deine*n Partner*in lautet: Nehmt euch doch einfach mal öfter in den Arm. Gerne auch dann, wenn dein*e Partner*in nicht damit rechnet. Küssen tut gut, da nicht nur Endorphine, sondern auch Serotonin und Adrenalin ausgeschüttet werden. Unser Kreislauf kommt dadurch in Schwung, die Körpertemperatur steigt und dein Körper erlebt dadurch positiven Stress. Wusstest du, dass Vielküsser im Schnitt fünf Jahre länger leben? Also, fang schon mal an, zu trainieren. Heute Abend? Nein, jetzt sofort.

Nehmt euch eine Paar-Auszeit

Auch Eltern brauchen Inseln und kleine Auszeiten. In welchem Abstand ihr sie ansteuert, müsst ihr als Paar für euch selbst festlegen. Es soll auf keinen Fall Stress entstehen, weil der Terminkalender eigentlich schon knallvoll ist und eine Eltern-Auszeit nur gequält dazwischen gequetscht wird. Es muss sich schon richtig für euch beide anfühlen, sonst könnt ihr die Zeit nicht genießen.

HABT ACHTUNG UND RESPEKT VOREINANDER

Eine Beziehung ist eigentlich immer zum Scheitern verurteilt, wenn mindestens einer von beiden die Achtung vor dem anderen verliert. Versuche deshalb offen und ehrlich mit deinem Partner bzw. deiner Partnerin zu sein. Sei stolz auf deine*n Partner*in! Überlege dir Attribute, die zu ihm*ihr passen und die dir in Krisenzeiten vielleicht helfen, ihn*sie nicht auf den Mond schießen zu wollen.

Wir gehen noch einen Schritt weiter und sagen: Bewahre immer den Respekt! – Bitte haue nie deine*n Partner*in die Pfanne. Natürlich kannst du dich bei der besten Freundin ausweinen und sie um Rat fragen, aber das sollte dann auch ausreichend sein. Den Partner bzw. die Partnerin in einer Gruppe bloßzustellen, nur um dich selbst besonders hervorzuheben, ist nicht gut für eine Beziehung. Das kann jedes Paar im stillen Kämmerlein klären. Für dich gilt: Schaffe eine vertrauensvolle Basis, das Fundament für deine Beziehung.

Habt ihr Termine gefunden und im Kalender eingetragen, solltet ihr euch unbedingt verbindlich daran halten und euch nicht gegenseitig absagen, nur weil wieder ein Junggesellenabschied stattfindet oder eine Freundin Geburtstag hat. Eure Beziehung hat Priorität. Wenn es finanziell geht, gönnt euch vielleicht ein Wochenende in einem schönen Hotel, in dem ihr euch von vorne bis hinten verwöhnen lasst. Aber auch zu Hause kannst du es dir mit deinem Partner bzw. deiner Partnerin schön machen. Ihr verschifft einfach eure Kinder zu den Großeltern, zu Freund*innen oder Nachbar*innen. Dann kocht ihr zusammen etwas Leckeres oder lümmelt euch aufs Sofa. Wann habt ihr eigentlich das letzte Mal zusammen einen Film von vorne bis hinten geguckt, ohne dass ein verschlafenes und zerzaustes Kleinkind vor euch stand, um euch von Krokodilen unter seinem Bett zu erzählen?

Lasst den Abend leidenschaftlich ausklingen und fangt den nächsten Morgen am besten gleich wieder damit an. Herrlich! Deine Glücksmomente-Speicher werden wieder voll aufgeladen und lassen dich die Strecke bis zum nächsten Eltern-Wochenende hoffentlich gestärkt und entspannt überbrücken.

Wenn die Liebe trotzdem geht

Immer kurz vor dem Wochenende kann man es hören: Das leise Rattern von Koffer-Trolleys und das Knistern von Tüten, in denen Kinderbettwäsche verstaut ist. Hektische Mütter und Väter überfluten die Straßen, dahinter eine bedröppelt aussehende Kinderschar. Wie bei einer Agenten-Übergabe werden Habseligkeiten und Kinder ausgetauscht. Dann trennt man sich wieder. In der Regel mit Ansagen in Stakkato: *Sonntag, 17 Uhr, hier an dieser Stelle. Sei zur Abwechslung mal pünktlich.*

Kehrtwende, Bühnenabgang. Erhobenen Hauptes stolziert die Mutter, die ein freies Wochenende vor sich hat, davon. In die andere Richtung läuft ein gebückter Vater, der alle Anwesenden bei Laune halten muss, damit er deren Gunst nicht verspielt. Am Sonntag wird sich das Blatt dann wieder wenden und die Aufgaben gewechselt.

So schaffst du eine gemeinsame Basis mit dem*der Ex

Das, was vor Jahren mit viel Liebe und Freude begonnen hat, ist mit der Zeit kaputtgegangen. Mal ist der Leidensweg lang, mal endet er in einem kurzen Prozess. Das Paar hat sich auseinandergelebt. Vorstellungen, die es voneinander hatte, sind nicht erfüllt worden. *PENG!* Rückkehr und weiterführende Gespräche sind absolut ausgeschlossen. Eine gemeinsame Therapie wird von einem Elternteil abgelehnt. Die eine Seite hat keine Probleme, aber die Gegenseite sei das Problem. Während der eine Teil versucht, sich mit der Situation auseinanderzusetzen und den Fehler zu finden, macht der andere Teil dicht und blockt ab. Wir wissen alle: Es ist verdammt schwer! Es tut weh! Erst kommt die Trauer und dann die Wut! Danach wird es besser und jeder findet in ein normales Leben zurück.

Auch wenn ihr – du und dein*e – Ex vielleicht schon lange in getrennten Betten schlaft und keinen täglichen Kontakt mehr habt, euch verbindet trotzdem noch etwas: euer Kind. Ihr seid und bleibt Eltern. Im Interesse eures gemeinsamen Kindes solltet ihr einen Weg finden, um einen vernünftigen Austausch und Umgang miteinander möglich zu machen, damit die kleine Seele möglichst wenig Schaden nimmt. Gib dir einen Ruck, wenn du gerade in dieser Situation bist. Es wird dir gut tun, wenn du wenigstens auf dieser Gesprächsebene wieder eine Basis schaffst. Den ersten Schritt dazu wirst höchstwahrscheinlich du machen müssen. Du schaffst das! Vertraue dir!

 ## Verlier dich selbst nicht!

Natürlich hast du eine Erwartungshaltung an dein Gegenüber. Das ist ganz normal und hängt nicht unbedingt damit zusammen, dass ihr gemeinsame Kinder habt. Du erwartest von deinem Partner bzw. deiner Partnerin Treue (natürlich gibt es hier auch alternative Beziehungsmodelle!), Verantwortungsbewusstsein und Zuwendung. Kommen Kinder hinzu, potenziert sich das, was du von deinem Gegenüber erwartest, ungemein. Möglicherweise verändern sich die Dinge, die du dir wünschst, auch, bekommen eine neue Gewichtung und Prioritäten verschieben sich. Nun ist es so, dass es, egal, wie groß die Liebe zueinander ist, in der Regel nicht möglich ist, einander blind zu verstehen. Es bedarf einer guten Kommunikation. Immer wieder aufs Neue! Hierbei gilt es, deine Bedürfnisse und Wünsche klar zu formulieren und auszusprechen. Gerade dann, wenn diese sich verändert haben. Stehe zu dir selbst. Aber achte auch darauf, dich nicht in diesen Wünschen und Bedürfnissen zu verlieren!

Dein*e Partner*in ist ein zentraler Teil deines Lebens. Du bist voller Liebe und Vertrauen und wünschst dir eine stabile gemeinsame Zukunft. Aber niemand außer dir selbst ist für dein Glück verantwortlich. Natürlich geht es in einer Familie um eine konstruktive Kommunikation. Es geht um Aufgabenverteilung, feste Absprachen und auch darum, sich als Eltern gemeinsame Freiräume zu verschaffen. Aber für einen großen Teil deiner eigenen Wünsche und Bedürfnisse bist nur du selbst verantwortlich! Die Aufgabe deines Partners bzw. deiner Partnerin besteht nicht darin, dich glücklich zu machen! Das musst du schon selbst tun, denn auch das macht dich zu einer guten Lebensgefährtin.

Schritt 1: Teilt die Verantwortung

Die Verantwortung für eure Familie lastet auf den Schultern beider Elternteile. Frauen und besonders Mamas neigen häufig dazu, sich für alles allein verantwortlich zu fühlen. Ihr geht beide arbeiten, sorgt beide fürs Familieneinkommen (vielleicht zeitlich in einem unterschiedlichen Ausmaß), dennoch bist du diejenige, die die ganze Familie organisierst. Stundenmäßig hast du damit keinen einfachen Vollzeitjob, sondern einen doppelten. Auch wenn du zurzeit zu Hause bist und dein*e Partner*in arbeiten geht, sind deine „Arbeitsstunden" irgendwann einmal ausgeschöpft. Du bist nicht rund um die Uhr für alles allein verantwortlich.

Viele Mütter nehmen das so hin, sind vielleicht familiär auch noch so geprägt, dass gewisse Aufgaben eben doch von Frauen erledigt werden. *STOPP! Make Your Partner a Real Partner* bedeutet, dass es eine gerechte und gerne auch schriftlich formulierte (!) Aufgabenverteilung gibt. Möglicherweise macht dein*e Partner*in gewisse Dinge anders, aber genau das ist wunderbar! Ihr seid ein gleichberechtigtes, in dieselbe Richtung schauendes Team. Wenn das ganz klar ist, sich keiner benachteiligt fühlt und ein grundsätzlicher Konsens besteht, dann fällt es beiden Seiten gleich viel leichter, über eigene Wünsche und Bedürfnisse zu sprechen – und gemeinsam eine Lösung zu finden. Und ganz ehrlich: Ein „Real Partner" ist verdammt sexy!

Schritt 2: Mach dich selbst glücklich!

Oftmals verfällst du dem Glauben, dass dein*e Partner*in dich glücklich machen muss. Möglicherweise stimmt das ja auch zu einem gewissen Teil. Es darf aber eben nicht bedeuten, dass du die gesamte Verantwortung für dein Glück auf eine andere Person überträgst. Das kann nämlich niemand leisten – und das ist auch schlicht nicht seine Aufgabe. Dein*e Partner*in kann nicht alle deine Leidenschaften teilen, die gleichen Dinge mögen wie du, jede deiner Stimmungen erahnen und auffangen. Du bist immer noch eine eigenständige Person und selbst verantwortlich für dein gutes Gefühl, auch wenn du Mama und Ehefrau bist. Schau, was du brauchst, um das zu spüren.

Ist es der regelmäßige Sport oder ein Weinabend mit der besten Freundin? Ein Konzertbesuch oder ein kultureller Ausflug in einer größeren Gruppe? Was auch immer es ist – nimm dir diese Freiräume und gestehe sie auch deinem Partner bzw. deiner Partnerin zu. Denn wer mit sich selbst zufrieden ist, keine übersteigerte Erwartungshaltung an andere hat, der kann auch einen guten und gesunden Beziehungsbeitrag leisten.

Schritt 3: Betrachte deine*n Partner*in mal aus der Ferne!

Häufig verlierst du den „gesunden Blick". Du siehst nur noch die Dinge, die dich an deinem Partner bzw. an deiner Partnerin stören, und was in deinen Augen alles falsch gemacht wird. Das ist völlig normal in dem ganzen Alltagsgewusel. Es ist wahnsinnig schwer, hier den Überblick zu behalten und sich gleichzeitig den liebevollen und schätzenden Blick auf den Partner bzw. die Partnerin zu bewahren. Nicht selten verfestigt sich der Blick auch wie von selbst immer wieder auf einen Teil der Persönlichkeit, der dich ärgert, auf die Palme bringt und an dem du dich immer und immer wieder reiben musst.

Versuche, deine*n Partner*in einmal aus dem Blickwinkel einer lieben Freundin, die ihn*sie auch mag, zu sehen. Mit etwas Abstand. Macht er*sie nicht viele Sachen wirklich großartig? Womöglich sogar die meisten? Hat er*sie nicht unglaublich viel Witz, einen großen Wissensschatz und ist er*sie im Umgang mit dir nicht wahnsinnig liebevoll? Wenn du jetzt noch einen Schritt weitergehen möchtest, weil dein Blick so fest auf vermeintlich negativen Eigenschaften haftet, dann frage ich dich, was du fühlen würdest, wenn dein*e Partner*in sich von dir trennen würde. Wären da nicht viele Dinge, die du sehr vermissen würdest? Vielleicht sogar Eigenarten, die dich jetzt gerade richtig nerven? Beispielsweise, nachts die Socken anzulassen oder den Klodeckel nie runterzuklappen. Vielleicht aber auch die vielen tollen Charakterzüge, Verhaltensweisen und das, was er*sie in euer Familienleben einbringt. Manchmal ist es wichtig, einen Schritt zurückzutreten, Menschen und Situationen aus einer gewissen Ferne zu betrachte, um dadurch wieder mehr Nähe zu gewinnen.

Schritt 4: Sex ist Arbeit – die Beziehung auch! Also arbeite!

Denke an Evje van Dampen! Wir haben es ja schon einige Male angedeutet, vermutlich ist der wichtigste Schritt für eine erfüllte Beziehung ein reiches Liebes- und Sexualleben: Jede (Liebes-)Beziehung ist Arbeit! Nicht in dem Sinne, dass es anstrengend, ermüdend und zermürbend sein muss. Weit gefehlt! Arbeit kann nämlich auch verdammt viel Spaß machen und dich selbst auf unglaubliche Art bereichern und voranbringen. Wichtig ist, zu verstehen, dass die eigentliche Beziehung zwischen zwei Menschen in einem Liebesfilm erst anfängt, wenn die Schlussmusik erklungen ist. Dass sich Menschen, Situationen und Konstruktionen immer weiterentwickeln. Und dass wir nie aufhören dürfen, einander zuzuhören, uns auszutauschen und zu hinterfragen.

Eine Liebesbeziehung schwebt nicht immer auf Wolke 7. Das Sexleben fällt immer mal wieder in einen tiefen Winterschlaf, um dann im Frühjahr neu zu erwachen. Manchmal pennt es auch mehrere Jahre. Manchmal wacht es auch gar nicht mehr auf und aus zwei sich liebenden und begehrenden Menschen werden Freunde. Auch das ist okay und niemand trägt irgendeine Schuld daran. Du darfst dich immer wieder neu für deine*n Partner*in entscheiden! Auch wenn es schwierig oder die Ausgangslage der Beziehung gerade mehr schlecht als recht ist. Es gibt immer einen Weg. Manchmal verläuft er nur nicht mehr auf einer gemeinsamen Straße. Denkt daran: Verliert nie die Achtung und den Respekt voreinander.

Setze Sex auf die To-do-Liste

Sex ist mehr als die körperliche Vereinigung zwischen dir und deinem Partner bzw. deiner Partnerin. Es findet ein Austausch auf so vielen Ebenen statt: Währenddessen kommunizieren nahezu alle Zellen deines Körpers mit denen deines Partners bzw. deiner Partnerin. So schafft Sex Verbindung, Austausch, und Augenhöhe – auf körperlicher und auf seelischer Ebene.

Das Kuschelhormon Oxytocin ist dabei für eine Stärkung eurer emotionalen Verbundenheit zuständig. Die Natur hat uns Menschen auf hormoneller Ebene mit einem interessanten Feedbackmechanismus ausgestattet: Je mehr Sex wir haben, desto mehr Sex wollen wir. Das trifft mit Sicherheit nicht auf jeden zu, funktioniert aber viel häufiger, als wir denken. Gerade wenn dich und deine*n Partner*in nach so vielen anstrengenden und intensiven Jahren mit Kleinkind einige Dinge trennen, kann es sinnvoll sein, Sex bewusst auf die To-do-Liste zu schreiben – einfach um eurem Körper-Seele-System bewusst zu machen, was es dadurch bekommen kann. Wenn es das bemerkt, möchte es höchstwahrscheinlich mehr davon.

Ist Sex die Lösung?

Sex ist mit Sicherheit nicht die Lösung für all eure Probleme. Aber Sex ist eine wundervolle Gelegenheit, euch füreinander zu öffnen. Dabei ist das keine Einbahnstraße. Offenheit im Gespräch kann eine wichtige Grundvoraussetzung dafür sein, dass ihr euch auch körperlich füreinander öffnen möchtet. Anders herum kann Sex ein bedeutsamer Ausgangspunkt dafür sein, euch auch im Alltag emotional und intellektuell offen zu begegnen.

Das Thema Sexualität braucht einen ganzheitlichen Blick. Alles steht miteinander in Verbindung und beeinflusst sich gegenseitig. Deshalb braucht Sexualität deinen ganzheitlichen Blick. Oft ist die Flaute im Elternbett ein Tabuthema. Beide vermissen etwas, aber niemand spricht es an. Dabei ist dieses gemeinsame Sprechen genau das, was nötig ist, damit du deine Bedürfnisse sichtbar machen kannst und die Bedürfnisse deines Partners bzw. deiner Partnerin für dich greifbar werden. Es ist völlig in Ordnung, wenn dich das Überwindung kostet. Vielleicht hilft dir folgende Überlegung bei der Frage *Soll ich es ansprechen oder nicht?* weiter: Was kann denn im Worst- sowie im Bestcase passieren, wenn du den Mut findest, offen über deine sexuellen Bedürfnisse zu sprechen? Und was wird im Worst- sowie im Bestcase passieren, wenn du einfach nichts sagst und alles genau so bleibt, wie es ist? Dich zu öffnen, macht dich verletzlich. Aber im gleichen Atemzug birgt es die große Chance auf echte Nähe und Vertrautheit mit deinem Partner bzw. deiner Partnerin.

Gute Rahmenbedingungen, um über Sex zu reden

Du hast beschlossen, es zu wagen und mit deinem Partner bzw. deiner Partnerin über deine Sexualität, dein Empfinden, deine Wünsche und deine Bedürfnisse zu sprechen. Was für ein Meilenstein! Vielleicht fragst du dich jetzt, wie du es am besten anstellen kannst. Wir geben dir einige Tipps, um eine vertrauensvolle Atmosphäre zu schaffen. So wird es euch leichter fallen, euch offen und damit verletzlich zu zeigen. Zwischen Tür und Angel würde ein Gespräch vermutlich für alle Beteiligten höchst unzufriedenstellend verlaufen.

Im Prinzip ist es ganz einfach: Die Rahmenbedingungen, die es für intimen und vertrauensvollen „Slow-Sex" braucht, die braucht es auch für ein gemeinsames Gespräch dieser Art. Konkret bedeutet das:

Zeit

Vereinbart einen gemeinsamen Termin für euer Gespräch. So förmlich? Ja, denn dadurch wird es verbindlich. So habt ihr im Vorfeld die Möglichkeit, alles so zu organisieren, damit ihr wirklich vertrauensvoll und ungestört sprechen könnt. Achte bei der Auswahl des Zeitpunktes darauf, dass die Kinder anderweitig versorgt sind und darauf, dass es keinen Zeitdruck wegen vorausgehender oder anschließender Termine gibt. Dieses Gespräch ist wichtig, und deshalb dürft ihr beides es auch so behandeln.

Ort

Macht es euch gemütlich. Oftmals sind die eigenen vier Wände ein vertrauter Ort, der es dir und deinem Partner bzw. deiner Partnerin ermöglichen kann, sich offen zu zeigen. Kerzenlicht, gedämpftes Licht und bequeme Sitzmöglichkeiten schaffen Entspannung. Gerade bei bereits verhärteten Fronten kann es aber auch sinnvoll sein, das Gespräch an einem anderen Ort zu führen, der weniger vorbelastet ist und an dem weniger Verletzung passiert ist. Ein gemeinsamer Spaziergang kann sich ebenso eignen wie ein Café mit Nischenplätzen.

Sprechen und Zuhören

Die eigenen Bedürfnisse zu offenbaren, ist für ein gelingendes Gespräch ebenso wichtig, wie die des anderen wahrzunehmen. Gerade in langjährigen Beziehungen neigen wir dazu, bei den ersten Sätzen des Gegenübers entweder in den Rückzug oder aber in eine Verteidigungshaltung zu gehen. Beides ist wenig hilfreich für den weiteren Verlauf des Gesprächs. Schließlich möchtet ihr wieder näher zueinander finden. Weder Kampf noch Flucht können das leisten.

Eine einfache, aber sehr effektive Hilfestellung aus der Paartherapie ist die 10-10-10-Regel: Zuerst redet der eine zehn Minuten – unbedingt in Ich-Botschaften. Der andere hat nichts anderes zu tun, als zuzuhören. Dann tauscht ihr die Rollen und in den nächsten zehn Minuten berichtet der andere, was ihn beschäftigt. Im dritten Zehn-Minuten-Abschnitt ist dann Raum, um miteinander ins Gespräch zu kommen oder auch, um zu schweigen. Wir wünschen von Herzen viel Erfolg, Mut und Offenheit für euer Gespräch!

ES GEHT UM EUCH!

Egal, wo du mit deinem Partner bzw. deiner Partnerin in Bezug auf eure Beziehung und eure Sexualität gerade stehst: Es geht nicht darum, irgendeine gesellschaftliche Norm oder etwas zu erreichen, um das dich andere beneiden. Es geht um euch und euren Weg zu euch zurück, als Personen und als Paar. Perfektion darfst du also getrost aus dem Schlafzimmer verbannen, genauso wie aus dem Wohnzimmer oder der Waschküche.

GESUNDHEIT, FITNESS UND MENTALE STÄRKE

Wünschst du dir auch einen gesünderen Alltag? Könnten die folgenden Sätze auch von dir stammen? Verdammt, ich wollte doch diese Woche endlich mal zum Sport gehen. Nun habe ich es wieder nicht geschafft. Mist! – Ich habe neulich gelesen, dass man fünf verschiedene Gemüsesorten am Tag essen sollte. Zählt auch die Marzipanmöhre von heute Morgen dazu und was ist mit den Paprika-Chips?

 ## Raus aus dem Hamsterrad

Na, fühlst du dich ertappt? Oder kennst du vielleicht auch diese Situation: Es ist 22 Uhr. Du bist eigentlich megamüde und gähnst schon im Minutentakt. Du wolltest längst im Bett sein und hast dir – wie auch jeden Tag davor – fest vorgenommen, endlich früh schlafen zu gehen. Nur: Deine Gedanken rattern mal wieder unentwegt. Abschalten kannst du nicht – du hast zu viele (unerledigte) Dinge im Kopf. Und nun bist fast im Bett, da fällt dir ein: *Argh, ich habe total vergessen, auf die Nachricht von Anna zu antworten. Ich wollte ihr doch noch sagen, dass ich das Geburtstagsgeschenk besorgen kann. Ich schreibe ihr schnell. Und da war doch noch etwas … Ich habe es vergessen. Puh, ich muss echt mal entspannen und runterkommen.*

Falls du jetzt wie verrückt genickt hast, dann ist dir das Mama-Hamsterrad wohlbekannt: Diese Mischung aus folgenden Gedanken:

Mist, das wollte ich unbedingt noch machen, Oh, habe ich doch nicht getan oder *Puh, ich glaube, mein Kopf explodiert gleich.* Wahrscheinlich nimmst auch du dir ebenfalls jede Woche vor, es besser zu machen, mehr an dich zu denken, besser zu planen usw. Und dann ist es plötzlich Freitag, und du stellst wieder einmal fest, dass du das Fitnessstudio umsonst bezahlst, weil du nie hingehst, dass du jeden Tag viel zu wenig Wasser getrunken, dass du zwar schöne Gemüsesticks für deine Kinder auf den Tisch gestellt, aber leider vergessen hast, selbst welche davon zu essen. Dass die Kaffeemaschine dein bester Freund ist und dass du immer noch verzweifelt den Aus-Knopf für dein Gehirn suchst.

Kurz: Du vergisst dich, deinen Körper und seine Bedürfnisse viel zu oft über die gesamte Familienorganisation. Du stellst dich selbst hinten an, was Gesundheit, Sport und mentale Stärke angeht. In der Theorie klingt dieses *Mama, kümmere dich um dich selbst!* ja immer ganz toll, aber in der Praxis ist das bisher für dich nicht wirklich umsetzbar. Es gibt viele Gründe: zu müde, zu K.o. oder voll vergessen. Vielleicht war aber auch mal wieder alles andere wichtiger als du selbst.

HABE GEDULD MIT DIR!

Wir wissen, wie schwierig es oft ist, „aus dem Quark zu kommen" und dass gerade der Anfang hart ist. Oft fühlt es sich ja so an, als ob du zeitgleich an unzähligen Baustellen arbeiten musst. Wer kann denn da den Überblick behalten? Sei geduldig mit dir selbst, mache eine Bestandsaufnahme und dann gehe die folgenden Baustellen Schritt für Schritt an: Baustelle 1: wenig bis kein Sport, Baustelle 2: ungesunde Ernährung, Baustelle 3: unruhiger Geist, der Monkey Mind.

So, an dieser Stelle sagen wir ab jetzt *STOPP!* Liebe Mama, deine Gesundheit ist wichtig, sehr wichtig sogar. Du bist die Basis, der Anker und der Halt deiner Familie. Deshalb solltest du dich um dich und deinen Körper kümmern, damit du auch weiterhin kraftvoll und glücklich durch den Familienalltag schippern kannst. Wir möchten dir einen liebevollen mentalen Schubs geben, damit du bald sagst: *Jetzt bin ich dran. Das sind meine Zeit und meine Gesundheit.*

Es klingt immer ein bisschen ausgelutscht, aber es stimmt tatsächlich: Es ist noch kein Meister vom Himmel gefallen – auch keine perfekte Mama. Die gibt es im Übrigen ja auch nicht. (Wir erinnern hier noch einmal an die Perfektionismus-Falle). Du kannst nicht alles auf einmal anpacken. Da wird jeder verrückt und überfordert sich.

EINMAL ANGEFANGEN IST SCHON HALB GEWONNEN!

Der erste Schritt ist oft der schwerste. Deshalb denke bitte nicht zu lange drüber nach und fange einfach an! – Auch wenn du müde bist, wenn du nicht magst, wenn das Sofa echt gemütlich ist und es wahnsinnig einfach ist, direkt liegen zu bleiben. Wenn der Kaffee doch gut schmeckt, und wenn die Schokolade dir jeden Tag ein bisschen versüßt. Auch wenn du dich fragst, wie du jemals die Ruhe für eine fünfminütige Meditation finden sollst, weil dein Gehirn PINGPONGPING-PINGPONG! macht. Egal. Mach. Los. Bitte!

Wir empfehlen dir: Fange mit einer Sache an, die dir besonders wichtig ist. Nicht mit mehreren, nur mit einer. Sei es Sport, gesunde Ernährung oder mehr innere Ruhe für dich. Fühl mal in dich hinein, was du am dringendsten brauchst. Denke dabei vielleicht auch mal an die Zeit, bevor du Mama warst: Was hat dir damals gutgetan? Was hat dich ausgeglichener gemacht und dir im Alltag zu Kraft verholfen? Egal, ob es nun Yoga, Jogging, Fitness, Meditation oder ein bestimmtes gesundes Ernährungskonzept war. Hole dir das Gefühl, das du damit verbindest, in Erinnerung. Stelle dir vor, wie es dir geht, wenn du genau diese Sache vier Wochen lang für dich – und wir sagen explizit: nur für dich! – durchgezogen hast. Wie fühlt sich das an? Lächelst du jetzt? Also, hopp hopp! Los geht's! Fange wirklich an.

Setze diese Sache vier bis acht Wochen lang konsequent um. Danach nimmst du eine zweite dazu. Und dann schaue weiter. Easy. Entspannt. Nicht zu viel.

 # Fünf einfache Gesundheitstipps für deinen Alltag

Lieber unperfekt starten, als perfekt zu warten. Den Spruch haben wir verinnerlicht. Und natürlich haben wir für dich noch ein bisschen mehr Input vorbereitet. Hier kommen fünf schnelle Gesundheitstipps – vielleicht springst du ja schon bei einem von denen auf, fängst an und liest danach weiter. Here we go!

Tipp 1: Stelle dir deine Portion Gesundheit vor die Nase!

Du hast es vielleicht schon tausend Mal in irgendwelchen Zeitschriften und in Blogs gelesen – und dennoch machst du es nicht. Ja, das kennen wir auch. Daher, ganz easy: Du trinkst zu wenig im Tagesverlauf? Stelle dir deine Flasche Wasser oder deine Kanne Tee direkt vor die Nase. Nimm bei Wasser am besten gleich die Ein-Liter-Karaffe. Wenn die Karaffe oder die Kanne leer ist, fülle sie bitte gleich auf. Trinke, bitte! Das ist wichtig. Vielleicht vergisst du auch immer das Obst für dich, selbst wenn deine Mutter dir schon gepredigt hat, *An apple a day …* Sorge für dich, wie du es für deine Kinder tust. Schäle und schneide dir dein Obst und stell dir den Teller vor die Nase. Das gilt natürlich auch für Gemüse. Schnippel dir deine eigenen Sticks! Du bist wichtig, dein Körper wird es dir danken – ganz sicher!

Tipp 2: Zu wenig Sport? Suche dir eine bessere Hälfte!

Gemeinsam sind wir stark. So oder so ähnlich klingt es doch auch in einem bekannten Kinderlied. Das gilt tatsächlich ebenfalls für den

Sport. Vielleicht kennst du eine andere Mama oder eine Freundin, die dich mitzieht. Das muss niemand mit Kindern sein. Möglicherweise bist du sogar sehr dankbar über anderen Input, sprich: andere Gesprächsthemen.

Deine Freundin stöhnt also genauso, sie bräuchte mehr Sport und will endlich anfangen, kriegt die Kurve aber nicht? Super! Dann seid ihr schon zu zweit. Worauf habt ihr Lust? Ist es ein bestimmter Kurs? Wollt ihr gemeinsam im Wohnzimmer Sport machen oder doch lieber in den Wald gehen und Zeit alleine, ohne Handy und Co. verbringen? Fangt einfach an und probiert aus, ob es euch gefällt. Nachjustieren könnt ihr immer noch. Es hilft auch, wenn du jemanden kennst, der sehr gerne und regelmäßig Sport treibt. Dann kannst du fragen: *Hey, kannst du mich mitnehmen oder motivieren?* Das kann der Knaller werden! Wir freuen uns mit dir, wenn du loslegst!

Tipp 3: Visualisiere das Gefühl danach!

Du hast es ja schon ausprobiert, deshalb weißt du: Visualisieren ist so wichtig und hilfreich! Wie fühlst du dich nach Sport oder Meditation und mit gesunder Ernährung? – Du fühlst dich nach dem Sport richtig gut, ausgepowert und frei? Du strahlst, wenn du dir Zeit für dich ganz allein genommen und regelmäßig meditiert hast? Oder fühlst du dich stärker, wenn du dich bewusst gesund ernährst und deine Süßigkeiten auf ein Minimum reduziert hast? Rufe dir wirklich genau diese Gefühle in den Sinn. Fühle hinein. Ganz intensiv. Das kann eine unglaubliche Motivation für den Anfang sein.

So überwindest du dieses „Ich mag aber nicht!"-Gefühl. Schreibe dir die Gefühle, die du mit Sport, innerer Ruhe und gesunder Ernährung verbindest, auf einen Zettel, z. B. *Wahnsinn, ich lache. War das toll. Ich möchte diese Woche gleich noch ein zweites Mal schwitzen. Ich fühle mich wie neugeboren.* Lege dir den Zettel auf deinen Nachttisch oder an einen Ort, wo du ihn griffbereit hast. Sobald dein Gehirn dir vorgaukelt, dass es eh keinen Sinn mehr macht, heute Abend anzufangen, *weil ... boah! ... du bist ja eh schon so im Eimer!,* hole ihn bitte hervor, lies, was du geschrieben hast, und fang an! Für dich! Noch einmal: Du bist SO wichtig!

Tipp 4: Nimm dir täglich 15 Minuten für dich und atme das Leben ein!

Wo soll ich die Zeit denn hernehmen? Ich schaffe es kaum, ein Buch zu lesen oder andere Dinge zu tun. 15 Minuten nur für mich? Puh. Genau, das ist jetzt deine Aufgabe. 15 Minuten nichts tun oder sitzen, die Augen schließen, atmen – und somit meditieren. Das geht wahlweise auch im Liegen. Du kannst auch 15 Minuten spazieren gehen, den Himmel angucken oder dich im Sommer auf den Rasen legen und die Wolken anschauen. Tu das, was wir Erwachsenen so oft verlernt haben: einfach nur zu sein, zu atmen, zu leben. Wir bitten dich, es wirklich mal zu testen. 15 Minuten mögen lang klingen, aber wie viel Zeit verdaddeln wir alle so am Handy? Schau dir mal deinen Wochenbericht an, der dir die Handynutzungszeit verrät. Er ist teilweise erschreckend. Also, sei einfach mal, liebe Mama! Es kann deinen Monkey Mind abkühlen, wenn du das regelmäßig für dich schaffst.

Tipp 5: Schlafenszeit? Handy weg!

Du hast es gerade gelesen. Wie viel Zeit verdaddeln wir am Handy? Oft viel zu viel! Schnell mal Instagram gecheckt, eine Nachricht bei Facebook beantwortet, was gegoogelt oder eben mal einen guten Blogpost gelesen – und das alles zwischendurch. Das ist viel für den Kopf, vor allem wenn es auf den Abend zugeht und dein Körper und Geist sich erholen sollen. Daher raten wir dir: Lege abends das Handy weg. Tu das mindestens 45 Minuten, bevor du einschläfst. Oft beladen wir unser Gehirn mit ziemlich viel – Pardon! – Bullshit. Kein Wunder, dass der Kopf dann schwer runterfahren kann. Schnappe dir ein gutes Buch oder sprich mit deinem Partner bzw. deiner Partnerin zur Erholung. Und falls du nun denkst: Mein Handy ist doch gleichzeitig ein Wecker. Dann kaufe dir bitte einen richtigen!

 ## So bleibst du fit im Alltag!

Wusstest du eigentlich, dass vor knapp hundert Jahren eine der ersten Frauen, die zum Architekturstudium zugelassen wurde, als erste Amtshandlung nach dem Abschluss die Einbauküche erfunden hat? Margarete Schütte-Lihotzky wollte damit die Hausarbeit der berufstätigen Frau erleichtern. Ihre „Frankfurter-Küche" ging übrigens in die Geschichte der Architektur ein. Schon 1927 schrieb Margarete, dass fast die Belastung der Frau in allen Schichten der Bevölkerung durch Arbeit, Beruf und Familie so groß sei, dass man mit gesundheitlichen Nachteilen zu rechnen habe. Aha! Etwas umformuliert ist das Thema brandaktuell und wir könnten es eins zu eins auf unsere heutige Situation übertragen. Seit Generationen schleppen wir Frauen das gleiche Thema mit uns herum. Und wir schaffen es immer noch nicht – trotz aller Emanzipation – aus dem „Hamsterrad der Überlastung" auszusteigen. Warum? Ein Grund könnte zum Beispiel sein, dass wir bei der Verteilung von Aufgaben gerne mehr als einmal: *Hier, ICH!* schreien. Heißt es, *Wer kann noch einen Kuchen für das Schulfest backen?,* antwortet garantiert prompt Mama: *Jawoll, mache ich!* – wohlwissend, dass sie dafür eigentlich keine Zeit hat. Ständig heißt es *Ja, mache ich! Na klar, erledige ich auch noch! Nein, das ist kein Problem! Aber gerne, das übernehme ich für dich!* Es wird immer noch etwas obendrauf gepackt. Und noch eins und noch eins ... damit endlich eines ist: *RUHE.* Und damit sind wir jetzt beim Stichwort für dich!

Sage öfter Nein und nimm dir Zeit für dich

Mütter nehmen alles auf sich, damit für einen Moment Stille einkehrt. Dann gibt es keine anstrengenden Diskussionen, fertig! Es hat den Anschein, dass wir alle harmoniesüchtig und konfliktscheu sind. Wir wollen niemanden vor die Wand rennen lassen, indem wir: *Nein, mache ich nicht. Nö. Nöhööö!* sagen. Das Problem ist nur, dass wir so leider überhaupt nicht zur Ruhe kommen. Wir rennen immer noch mehr und zwar in der Regel für andere. In stärkster Konsequenz leiden unsere Konstitution und unsere Gesundheit darunter. Nimm Dir das zu Herzen und sei mutig! Sag öfter mal *Nein!* Die Zeitersparnis legst du auf deinem Gesundheitskonto an.

Wie geht das? Wir verraten es dir.

Wenn du dich am Morgen todmüde aus dem Bett quälst und die Kaffeemaschine mit Mühe und Not erreicht hast, um sie einzuschalten, führt dich dein nächster Gang ins Bad. Bist du eine Morgen-Duscherin, darf ab sofort eine Massage-Bürste dein Dusch-Partner sein. Besorge dir ein kleines Fläschchen Rosmarin-Öl und bürste dich herzwärts damit unter der Dusche ab Mach es, wie du dich wohl fühlst. Nimm eine Bürste mit Öl oder die Bürste allein: Du fängst beim rechten Fuß an und arbeitest dich über das Bein nach oben zur Leiste. Dann sind linker Fuß, linkes Bein, rechter Arm und linker Arm dran. Zum Schluss folgt noch ein kurzer Schuss kaltes Wasser über die Unterschenkel. So, nun bist du knallwach!

Dann schaust du in den Spiegel! Jetzt bitte etwas mehr positives Mindset, die Dame! Wir empfehlen dir, das Lied „I Feel Pretty" aus der West Side Story von Leonard Bernstein zu trällern oder einfach *Ach, was bin ich schön, was habe ich für tolle Haare, schöne Zähne* zu trällern. Singen befreit. Es sorgt für eine stabile Herzfrequenz, kräftigt die Rückenmuskeln und versorgt uns verstärkt mit Sauerstoff. Ergo: Singen macht dich schon morgens glücklich!

Schau noch einmal in den Spiegel. Beobachte, wie du dich bewegst! Erinnerst du dich noch an Margarine-Werbung aus dem Fernsehen, in der sich eine gutaussehende und vor Selbstbewusstsein strotzende Frau immer in der Schaufensterscheibe angesehen hat? Aufrecht und stolz ist sie durch die Straßen gelaufen – nein, getanzt! Vor lauter Kinder-und-Einkaufstaschen-Tragen, Stillen und ewig nach vorne gebeugter Körperhaltung könnte man meinen, die Evolution der Frauen bewege sich wieder rückwärts. Wir Mamas werden bald alle wie Gorillas nach vorne gebeugt laufen, wenn wir uns nicht endlich mal lang machen und uns darum bemühen, gerade zu gehen. Der Beckenboden hat unter Schwangerschaft und Geburt gelitten, Bauchmuskeln sind quasi keine mehr vorhanden, also laufen und sitzen wir nur noch krumm und schief.

Was du sofort für dich und deine Gesundheit tun kannst

Dehne dich regelmäßig zwischendurch.
Gewöhne dir an, dich mindestens fünfmal am Tag in einen Türrahmen zu hängen und dich aufzudehnen, wenn du hindurchgehst. Bist du mit deinen Kindern auf einem Spielplatz, hänge dich einfach an eine Reckstange, damit deine Wirbel auseinandergezogen werden. Danach ist dein Körper tatsächlich gerade und du kannst auch wieder besser atmen.

Achte auf deinen Beckenboden.
Hast du einen Rückbildungsgymnastik-Kurs nach der Geburt besucht? Falls nicht, ist es dafür nie zu spät. Lass dir von deiner Gynäkologin ein Rezept für Beckenbodentraining, ausstellen. Vermeide zudem schweres Tragen und delegiere das, falls es nötig ist.

Bleibe gerade und aufrecht.
Lasse dich von deinem Partner bzw. deiner Partnerin daran erinnern, dass du nicht wie ein „Schluck Wasser" auf dem Sofa sitzt. *Liebling,*

setze Dich gerade hin, sollte deine liebevolle Aufforderung für eine bessere Körperhaltung werden.

Geht doch mal wieder Tanzen.

Tanzen hat den gleichen positiven Effekt wie das Singen. Es macht dich gerade wie eine Balletttänzerin und ihr habt dazu noch ein wenig Elternzeit gewonnen.

Lass deine Blutwerte checken.

Lass dein Blut auf Mangelerscheinungen untersuchen. Wie sieht es bei dir mit dem Zink-, Magnesium-, Vitamin B-, Vitamin D-, Selen-, Calcium- und Eisenspeicher aus? Nach vielen Schwangerschaften, langen Stillzeiten und dauerhaftem Stress wahrscheinlich ziemlich trostlos! Substituierst du dich gut mit hochwertigen Präparaten, wird es dir bald besser gehen.

Beantrage eine Mutter-Kind-Kur.

Wenn du schon beim Arzt bist, kannst du auch gleich die Verordnung einer Mutter-Kind Kur ansprechen. Keine Angst vor der den ganzen Antragsformularen! Du bekommst beim Ausfüllen und Organisieren einer Kur Hilfe. Unter anderem stehen dir deine Krankenkasse, der Paritätische Wohlfahrtsverband, die Caritas und die Elly-Heuss-Knapp-Stiftung (Deutsches Müttergenesungswerk) zur Seite. Sollte deine Kasse den Antrag ablehnen, legst du einen Widerspruch ein. Meistens kommt die Zusage dann in der zweiten Runde.

Sprich eine Massage-Verordnung an.

Bitte deine Hausärztin doch, dir ein Massage-Rezept auszustellen. Fango, Manuelle Therapie und einfach ein wenig „Rippchen-streicheln" werden dir gut tun. Wir empfehlen außerdem Thai-Massagen. Dabei werden alle Meridiane durchgewalkt und du fühlst dich wie neugeboren.

 **MUTTERKUTTER-NERVENNAHRUNG!**

Wir vier Frauen vom MutterKutter haben in vielen Gesprächen mit Müttern immer wieder herausgehört – und konnten es auch bei uns selbst feststellen – dass viele es nicht schaffen, regelmäßig eine Mahlzeit zu sich zu nehmen.

Dass das nicht gut ist, müssen wir dir nicht erklären. Dein Körper bleibt nur leistungsfähig und gesund, wenn er Energie in Form von guten Nahrungsmitteln zugeführt bekommt. Damit sich dein „Mama-Betriebssystem" nicht ab 16 Uhr ins Off verabschiedet und du kaltschweißig und schlecht gelaunt sowohl Kinder, Partner*in und Hund anraunzt, geben wir dir eine kulinarische Erste Hilfe an die Hand.

Wir lieben dass Bircher-Müsli, das es schon seit über 120 Jahren gibt. Der Arzt Oskar Bircher-Brenner entwickelte dieses Müsli in seinem Sanatorium „Lebendige Kraft" in der Schweiz. Was für ein schöner Name für so eine Einrichtung, oder? Wir fanden den Namen sehr passend, denn uns Mamas fehlt ja oft genau diese Kraft. Deshalb bekommst du jetzt ein MutterKutter-Kraft-Frühstück, das dich garantiert über den Tag retten wird. Der große Vorteil daran ist, dass du das Müsli für ungefähr drei Tage im Voraus zubereiten kannst. Wenn du in deiner Küchenschublade kramst, wirst du vielleicht noch diese Muttermilch-Aufbewahrungstöpfchen mit den blauen Schraubdeckeln oder Einmachgläser finden. Darin kannst du das Müsli hervorragend vorportionieren. Achte darauf, dass du das Müsli nicht kalt zu dir nimmst. Kalte Nahrungsmittel verbrauchen viel Energie, weil der Körper sie erst aufwärmen muss. Als Folge fängst du an zu frieren und wirst müde. Rohkostteller mit Möhren, Gurken und Paprika sind also eigentlich kein gutes Mama-Essen.

Wir brauchen viele warme Speisen. Lass das Müsli also eine Weile in der Küche stehen, bis es Zimmertemperatur hat, bevor du es isst.

Da du wie viele andere Mamas wahrscheinlich keine Getreidemühle besitzt, in der du Nackthafer schroten kannst, kauf dir frische Haferflocken in Bioqualität.

Für zwei Portionen brauchst du:

10 EL Haferflocken
370 ml Mandel-, Voll- oder Hafermilch
  2   kleine iÄpfel
  2 EL Nüsse (Haselnüsse oder Mandelstifte)
  2 TL Honig

Ein paar Heidelbeeren als Superfood dürfen unserer Meinung nach nicht fehlen.

Am Vorabend verrührst du die Milch mit den Haferflocken und lässt alles über Nacht in einer Schüssel im Kühlschrank quellen. Morgens reibst du die Äpfel frisch in das Müsli und gibst die restlichen Zutaten dazu. Verteile das Müsli in deine Töpfchen oder iss gleich eine Portion.

KRAFTVOLLE HAFERFLOCKEN

Der Vorteil an Haferflocken ist, dass sie neben vielen Ballaststoffen auch besonders viele Mineralstoffe enthalten: Magnesium, Phosphor, Eisen, Zink und Vitamin B1 und B6 sind übrigens für schöne und kräftige Haare wichtig. Die sind ja bei uns Mamas auch oft ein „Baustellen-Thema". Vom Haarausfall nach Geburten und auch bei Stress können wir alle ein Lied singen. Auch dafür ist unser Mutter-Kutter-Kraft-Frühstück also bestens geeignet.

Präventiv statt defensiv

Wir wetten, du nimmst jeden Vorsorgetermin deines Kindes gewissenhaft wahr, gehst regelmäßig mit ihm zum Zahnarzt und auch sonst tust du alles dafür, dass es sich gesund entwickelt. Oder? So oft hast du dir schon Sorgen gemacht, wenn es fiebrig wimmernd in deinem Arm lag oder durch einen fiesen Magen-Darm-Virus gequält wurde. Nur: Was ist eigentlich mit dir? Wann hast du eigentlich das letzte Mal eine Erkältung so richtig auskuriert? Wann warst du das letzte Mal beim Frauenarzt, beim Zahnarzt oder hast deine Leberflecken kontrollieren lassen? Wie? Du erinnerst dich gar nicht mehr so richtig daran, aber es müsste mal wieder Zeit für einen richtigen Check-up sein?

NIMM DICH UND DEINE GESUNDHEIT WICHTIG!

Viele Mütter stellen sich selbst auch beim Thema „Gesundheit" hinten an. Sie lassen sich beispielsweise ungern krankschreiben, schließlich hauen die Krankheitstage wegen der Kinder schon genug rein. Anstellen wollen sie sich sowieso schon mal gar nicht. Außerdem liegt noch so viel Zeug auf dem Schreibtisch, das abgearbeitet werden muss. Die Arbeitsstunden reichen doch eh schon nicht aus. Zudem sind die Tage vollgepackt. Wer soll die Kinder denn nachmittags zum Kindergeburtstag oder zum Training fahren? Du siehst, im Grunde haben wir Mamas gar keine Zeit, krank zu werden. Oder nein, besser: Wir nehmen uns oft keine Zeit dafür, krank zu sein. Das geht auch eine gewisse Zeit gut so, doch irgendwann rächt sich der Körper. Er ist nun einmal keine Maschine, sondern eher ein Investment. Das heißt, du musst etwas einzahlen, damit du am Ende etwas herausbekommst, statt immer nur auf seine Kosten zu leben. Das funktioniert nämlich auf Dauer nicht.

Du hast ein paar Seiten zuvor schon Tipps und Tricks von uns bekommen, die dir dabei helfen werden, dich insgesamt wohler zu fühlen: energiegeladener und entspannter. Jetzt wollen wir uns mit dir noch einmal dem medizinischen Bereich zuwenden – quasi als Anleitung dafür, wie du deinem Körper Sorge und vor allem auch (Vor-)Sorge tragen kannst. Denn eine gute und zielgerichtete Vorsorge bedeutet für dich deine Gesundheit von Morgen!

Wie sieht es mit dem Check-up 35 aus?

Ab einem Alter von 35 Jahren ist alle drei Jahre ein größerer Check-up für dich vorgesehen. Die Kosten trägt deine gesetzliche Krankenkasse. Den Check-up solltest du beherzt wahrnehmen, denn er beinhaltet wichtige Untersuchungen:

Ausführliche Anamnese
Das bedeutet ein ausführliches Gespräch über deine Krankengeschichte (Grunderkrankungen, Operationen, Medikamente, Allergie, Geburten etc.) und die deiner Familie (Krebserkrankungen, Herz-Kreislauf-Erkrankungen etc.), die für dich und deinen Körper von Bedeutung sein könnten.

Überprüfung deines Impfstatus
Dein Kind ist komplett nach den Empfehlungen der STIKO durchgeimpft, schließlich möchtest du keinerlei Risiko eingehen. Doch was ist mit dir? Ist dein Impfpass komplett und vor allem aktuell? Hast du alle nötigen Grundimmunisierungen und auch die Auffrischungen? Es ist sinnvoll, dich diesbezüglich in aller Ruhe mit deinem Hausarzt oder deiner Hausärztin zusammenzusetzen und zu schauen, wie der Stand der Dinge ist. Wenn wichtige Impfungen fehlen, solltest du sie im Zweifel nachholen.

Körperliche Untersuchung
Neben der Kontrolle deines Gewichtes und deiner Größe wird unter anderem außerdem dein Bauch abgetastet und deine Lunge abgehört.

Blutdruckmessung

Hier wird sowohl dein systolischer als auch dein diastolischer Blutdruckwert gemessen, um einem möglicherweise unentdeckten Bluthochdruck auf die Spur zu kommen.

Blut- und Urinuntersuchung

In deinem Blut werden deine Blutfettwerte und auch dein Nüchternblutzucker bestimmt. Dein Urin wird unter anderem auf eine Entzündung, aber auch auf die Ausscheidung von Zucker (Glucose) getestet, um einen möglicherweise vorliegenden Diabetes frühzeitig zu erkennen.

Beratung

In einer ausführlichen Beratung kannst du dich über eine gesunde Lebensstilführung und alle Themen, die dir am Herzen liegen, informieren lassen.

Gehe zur Hautkrebsvorsorge – spätestens ab 35

Spätestens ab einem Alter von 35 Jahren solltest du regelmäßig, das heißt alle zwei Jahre, sämtliche Muttermale und Hautauffälligkeiten bei deinem Hautarzt oder deiner Hautärztin kontrollieren lassen. Falls du Veränderungen bemerkst, solltest du natürlich öfter gehen, um sie abklären zu lassen.

Lass deine Zähne durchchecken

Neben deiner täglichen Mundhygiene ist es ganz wichtig, dass du zweimal im Jahr deine Zahnarztpraxis aufsuchst, um deine Zähne durchchecken zu lassen. Diese halbjährlichen Untersuchungen werden von deiner gesetzlichen Krankenkasse gezahlt. Auch eine regelmäßige professionelle Zahnreinigung ist sehr sinnvoll. Dabei wird unter anderem Zahnbelag entfernt und das dient als Prophylaxe vor

Karies und Parodontose. Leider zahlen nicht alle gesetzlichen Krankenkasse diese Behandlung.

Achte auf deine Augen

Wenn du Veränderungen deiner Sehfähigkeit feststellst, solltest du natürlich zur Sicherheit sofort einen Termin in einer Augenarztpraxis vereinbaren. Schließlich ist ein gutes Sehen im Alltag, z. B. beim Autofahren, absolut unerlässlich. Aber auch wenn du keine Probleme hast, solltest du ab dem 40. Lebensjahr regelmäßig eine augenärztliche Vorsorgeuntersuchung durchführen lassen. Allerdings müssen hier viele Untersuchungen selbst getragen werden, das heißt, es sind sogenannte IGeL-Leistungen (**I**ndividuelle **Ge**sundheits**l**eistungen).

Denke an deine gynäkologische Vorsorge

Die Schwangerschaft ist schon eine Weile her, dein Zyklus ist einigermaßen regelmäßig und Beschwerden hast du auch nicht. Das heißt aber nicht, dass deshalb keine regelmäßige gynäkologische Vorsorgeuntersuchung nötig ist! Bislang ist es so, dass ab einem Alter von 20 Jahren die jährlichen Vorsorgen durchgeführt werden sollten. Dabei wird zur Krebsvorsorge ein Abstrich des Gebärmutterhalses (Pap-Test) entnommen, und außerdem findet eine ausführliche gynäkologische Untersuchung statt. Ab 30 kommt dann noch das Abtasten der Brust hinzu. Diese Untersuchungen zahlt die gesetzliche Krankenkasse. Zusatzuntersuchungen, wie ein transvaginaler Ultraschall und ein Brustultraschall, werden leider in der Regel nicht übernommen. Sie sind aber sehr sinnvoll.

Ab 2020 gibt es eine Änderung der gynäkologischen Vorsorge: Frauen ab 20 sollen nach wie vor einen jährlichen Pap-Test durchführen lassen, Frauen ab 35 Jahren diesen nun jedoch alle drei Jahre bekommen, kombiniert mit einem HPV-Screening. Ein Grund dafür ist, dass die Vorsorgeuntersuchungen europaweit vereinheitlicht werden sollen und bekannt ist, dass HPV-Viren zu einem großen Teil für die Entstehung eines Gebärmutterhalskrebses verantwortlich sind. Bei jüngeren Frauen bestehen häufiger HPV-Infektionen, die aber auch sehr oft vollständig und ohne weitere Folgen, also ohne eine Krebsentstehung, von selbst abheilen. Bei Frauen ab 35 sollen weiter bestehende Infektionen zusätzlich zu dem normalen Pap-Test getestet werden. Sind beide Tests negativ, reicht aufgrund der höheren Sicherheit eine Kontrolle alle drei Jahre. Mit 50 Jahren bekommen die Frauen schließlich eine schriftliche Einladung zu Mammographie-Screening.

Vorsorge bedeutet Selbstfürsorge. Vorsorge bedeutet, sich und seinen Körper wichtig zu nehmen. Und genau das, liebe Mama, bist du! Du bist wichtig! Du bist unersetzlich! Du hältst die Dinge am Laufen! Du bist einzigartig! Und deshalb musst du auf dich aufpassen!

 ## Körper und Seele im Einklang!

Nun soll es darum gehen, dein Innen und Außen in Harmonie zu bringen. Wir geben dir Tipps, wie du Körper und Seele miteinander in Einklang bringen kannst.

Das Müsste-hätte-sollte-Syndrom

Mit Sicherheit kennst du es auch, das Müsste-hätte-sollte-Syndrom. Wir meinen damit folgende Situationen: *Ich wollte doch heute endlich meine Tante anrufen. Ich habe es aber nicht geschafft. Ich wollte heute doch endlich die Familiensteuer machen, ich war aber einfach zu müde und hatte keine Lust. Ich wollte endlich mal die Wintersachen wegsortieren und die Sommersachen rausholen und die Balkonblumen neu pflanzen. Da hat die Kita angerufen, weil mein Kind gespuckt hat – PUH, wieder nicht geschafft.* Das Syndrom führt dir tagtäglich (und auch nachts, wenn sich das Gedankenkarussell mal wieder dreht) vor Augen, was an dir nicht so ist, wie du es gerne hättest. Klar, grundsätzlich ist es völlig in Ordnung, wenn du dir Gedanken darüber machst, was nicht optimal läuft in deinem Leben in Bezug auf deine körperliche und psychische Gesundheit. Das Wissen darüber ist oft die Grundvoraussetzung dafür, etwas verändern zu wollen und das dann tatsächlich umzusetzen.

Doch da gibt es ein Problem: Mit großer Wahrscheinlichkeit geht es dir so wie den allermeisten Mamas an dieser Stelle. Du gehst dabei gegen dich selbst vor, statt die Herausforderung mit dir selbst an deiner Seite anzugehen. Das ist kein Vorwurf, sondern eine Beobachtung aus unseren vielen Gesprächen mit Mamas, Isabels Beratungen und auch unserem eigenen Alltag. Für eine erfolgreiche Veränderung macht es einen Unterschied, wie du dich selbst betrachtest.

Schärfe dein wohlwollendes Auge

Ich bin einfach zu fett, wertet dich ab. *Ich habe über Weihnachten drei Kilo zugenommen und möchte sie gerne wieder abnehmen, um mich wohlzufühlen, denn das habe ich verdient,* holt dich hingegen ab. Dass du so denkst, wie du denkst, liegt nicht in deiner Natur. Du machst auch nichts „falsch". Du hast es einfach gelernt.

Es stimmt, es fehlt den allermeisten von uns an Vorbildern, von denen wir hätten lernen können, wie das geht – sich zu entwickeln, ohne dabei in Selbstabwertung und Selbstkritik zu baden. Die darfst du auch dann an deine Seite stellen, wenn du gerne etwas an dir verändern möchtest oder neue Routinen in deinem Leben etablieren willst. Das bedeutet nicht, dass du nicht ansehen sollst, was in deinen Augen suboptimal ist. Das bedeutet auch nicht, dass dein Wunsch, etwas zu verändern, falsch ist und alles so bleiben muss, wie es gerade ist. Es bedeutet, dass du mit einem wohlwollenden Auge auf dich blicken darfst.

Dabei darfst du dir bewusst machen, dass du dein wohlwollendes Auge bisweilen vermutlich eher stiefmütterlich behandelt hast. Doch du kannst es trainieren, genauso wie einen Muskel: indem du es verwendest. Wenn du nach vielen Jahren der Sportabstinenz mit dem Joggen beginnst, meldest du dich ja auch nicht eine Woche später für den nächsten Marathon an. Du beginnst einfach. Läufst Schritt für Schritt, machst Pausen und legst Sprints ein. Mit der Zeit wirst du bemerken, wie es mit deiner Kondition und deiner Muskelkraft immer besser wird. So ist es auch mit deinem wohlwollenden Auge. Stück für Stück schärfst du es in seiner Sehkraft, bis es dir einen gesunden Blick auf dich selbst ermöglicht.

Gesund und wohlwollend bedeuten dabei im übrigen nicht, dass du einfach alles schönredest. Es bedeutet zuallererst einmal, dass du dir in einer ruhigen Minute einen Überblick darüber verschaffst, wie es dir eigentlich gerade geht – mit deinem Körper und mit deiner Seele. Beide Säulen sind bedeutsam und verdienen deine Aufmerksamkeit, wenn du wirklich gesund sein, bleiben oder wieder werden möchtest.

Mache eine innere Inventur

Vielleicht hört sich das etwas komisch an, aber mache eine gründliche Inventur dessen, was du an, in und mit dir durch das Leben trägst. Dadurch kannst du nicht nur erkennen, was gut ist und was sich verändern darf. Dir wird mit jedem weiteren Blick in deine „Regale" deutlicher, was von all dem eigentlich gar nicht wirklich zu dir gehört.

Es folgen ein paar Impulse für die Inventur deines Körpers, deiner Gefühle und deiner Gedanken. Versuche doch mal folgende Meditation, um dir selbst näher zu kommen.

Körper

Lege dich ganz bequem hin, schließe sanft deine Augen und mache dich auf eine kleine Reise durch deinen Körper. Beginne bei den Zehenspitzen deines rechten Fußes. Lass deine Augen geschlossen und taste jeden Quadratzentimeter deiner Haut mit deinem inneren

Auge ab. Wie geht es dir in diesem Stückchen Körper? Lass deinen inneren Blick ganz langsam, Zentimeter für Zentimeter weiter nach oben wandern – von den Zehen über deine Füße, die Fußgelenke und deine Unterschenkel bis in deinen Oberschenkel. Wiederhole dies mit deinem linken Bein.

Führe deine innere Reise fort, indem du deinen inneren Blick auf deinen Bauchraum richtest. Von dort lass ihn über deinen Brustkorb gleiten bis in deinen Schultern. Dann springe in die Fingerspitzen deiner rechten Hand und tastet die Finger nacheinander achtsam und ganz in Ruhe ab. Es folgen deine Handinnenfläche und deine Handaußenfläche, dein Handgelenk, dein Unterarm und dein Oberarm. Bist du wieder bei deiner rechten Schulter angekommen, wandere wieder bis zur linken Schulter und mache von dort aus einen zweiten Sprung – diesmal in deine linken Fingerspitzen. Wiederhole dasselbe wie beim rechten Arm, bis du wieder bei deiner linken Schulter ankommst.

Dein innerer Blick wandert noch ein Stückchen weiter bis zur Mitte deines Schlüsselbeins. Von dort aus geht es Zentimeter für Zentimeter weiter über deinen Hals bis in dein Gesicht. Dort gibt es besonders viel zu erspüren. Lass dir Zeit und vergiss deine Ohren nicht. Wandere mit deinem Blick dann über deine Kopfhaut und am Hinterkopf wieder hinunter, über deinen Hals bis in deine Schultern. Von dort wandere über deinen Rücken, Wirbel für Wirbel bis zu deinem Gesäß, wo dein innerer Blick zur Ruhe kommt. Wenn du möchtest, dann schließe an diese Inventur deines äußeren Körpers eine Inventur deines Inneren an und ertaste mit deinem Blick deine Organe.

Diese spannende Übung mag dir zunächst vielleicht komisch vorkommen. Mit etwas Training wirst du jedoch sehr bald sehr schnell in der Lage sein zu spüren, was gerade wo in deinem Körper los ist und wo du etwas verändern und/oder für dich und deine Gesundheit tun möchtest.

SEI ACHTSAM UND NIMM DIR ZEIT

Diese Übung lebt von deiner Achtsamkeit und der Langsamkeit, mit der du sie ausführst. Du musst diese Übung natürlich nicht am Stück praktizieren. Nimm dir doch für jeden Tag in der Woche eine andere Körperpartie vor und schreib dir nach dem Erkunden auf, wo es sich gut und wo eher schlecht angefühlt hast und wo du gerne etwas verändern möchtest.

Gefühle

Deine Gefühle wissen oft schneller als dein Kopf, was mit dir geschieht. Sie sind der Versuch deines Systems, dich optimal auf das vorzubereiten, was gerade in dir und um dich herum passiert. Deine Gefühle möchten dich beschützen und für deinen Alltag wappnen.

Schau deshalb doch mal genauer hin und führe einen Tag lang ein Gefühlsprotokoll. Eine Vorlage findest du im Downloadbereich des MutterKutter-Onlineportals zum Buch. Der QR-Code führt dich direkt dort hin.

ZUM DOWNLOAD

 https://mutterkutter.de/download-gefuehlsprotokoll/

Schreibe dir genau auf, wann du was fühlst. Es geht nicht zwingend darum, herauszufinden, warum du was fühlst. Diese Übung möchte dich vielmehr dafür sensibilisieren, deinen Gefühlen einen Raum in deinem Alltag zu geben. Denn wenn deine Gefühle im Familienchaos zu wenig Raum bekommen, intensivieren sie sich meist, bis es wehtut. Schließlich wollen sie dir etwas Wichtiges mitteilen. Nimmst du sie gar nicht wahr, kann sich das sogar in Form körperlicher

Beschwerden manifestieren. So weit muss es jedoch nicht kommen. Gib deinen Gefühlen den Raum und die Sichtbarkeit, die sie verdienen. Kümmere dich um sie, denn so kümmerst du dich um dich selbst und um deine seelische Gesundheit.

Gedanken
Der Durchschnittsmensch hat verschiedenen Studien zufolge am Tag zwischen 50 000 und 70 000 Gedanken, von denen rund 30 Prozent negativ-destruktiv und nur etwa drei Prozent positiv-konstruktiv sind. Was dir dieses Wissen bringt? Vielleicht nicht viel. Aber immerhin hat es deine Aufmerksamkeit erregt und damit seinen Zweck erfüllt, denn deine Gedanken denken sich nicht alleine, auch wenn es sich oft so anfühlt, als hätten sie ein Eigenleben entwickelt. Deine Gedanken brauchen dich und deine Fürsorge.

Schau dir einmal an, welche Gedanken sich so durch deinen Kopf bewegen. Du hast vermutlich weder Zeit noch Lust, dir den ganzen Tag mit Stift und Zettel beim Denken „zuzusehen". Nutze deswegen das Gedankenprotokoll (siehe QR-Code auf der linken Seite) und bringe etwas Ordnung in deine Gedanken. Das bietet dir die Chance, dich endlich mit Themen und Aktivitäten zu befassen, die du bisher immer beiseitegeschoben hattest. Vielleicht hast du beispielsweise Lust zu gärtnern oder einen schönen Gedanken, der die Saat für eine gesunde Veränderung in deinem Kopf ist. Gleichzeitig kannst du auch Gedanken gezielt „aussortieren" und dich von ihnen trennen, wenn du sie nicht mehr haben möchtest.

SCHLUSS MIT DEM GEDANKENKARUSSELL

Und ja – du darfst getrost auch einmal *STOPP* zu deinen Gedanken sagen. Ja, sprich es aus! Laut und mit viel Gefühl, wenn sie sonst nicht auf dich hören. „Gedankenstopp" heißt diese Technik in der Psychotherapie. Auch im Alltag kann sie dir eine große Hilfe dabei sein, störende Gedanken zu stoppen. Es kann natürlich sein, dass dich deine Gedanken nicht beim ersten Mal ernst nehmen. Bleib dran! Vergiss nicht: Es ist dein Kopf und du darfst entscheiden, wann Schluss ist mit dem Gedankenkarussell.

Du siehst schon, beim Thema „ganzheitliche Gesundheit" ist auch ein mutiges und ehrliches Auge gefragt. *Wie geht es dir? Was möchtest du wirklich? Was davon brauchst du tatsächlich?* Antworte so ehrlich wie möglich. Das kostet dich wahrscheinlich Mut, denn du darfst alles anerkennen, was ist. Das betrifft auch das, was du dir anders wünschst. Nur nach einer gnadenlos ehrlichen Bestandsaufnahme werden all deine gesundheitlichen Baustellen für dich greifbar und damit eine nachhaltige Veränderung möglich.

Vielleicht erinnerst du dich noch an die Schwangerschaftsweisheit *Neun Monate kommt der Bauch, genau so lange braucht er wieder, um zu gehen.* Das ist ein schönes Bild, das sich auf viele andere Teile des Lebens übertragen lässt, denn nicht nur der Körper braucht seine Zeit, um sich an neue Gegebenheiten anzupassen. Auch die Psyche kann sich nicht von jetzt auf gleich auf Neues einstellen. Es ist einfach so: Veränderungen kommen selten über Nacht. Das ist auch vollkommen in Ordnung. Gerade, wenn du nachhaltig mit dir, deinen Ressourcen und deiner Gesundheit umgehen möchtest, ist das kein Wochenendprojekt, sondern eine liebevolle Beziehung zwischen deinem Körper und deiner Seele. Scheidung ist hier übrigens keine Option.

Magischer Helfer Olivenöl:
Damit strahlst du von innen und außen

Wir Mamas wollen uns wohl in unserer Haut fühlen. Leider fehlt uns häufig die Zeit dafür, uns ausreichend um uns selbst und auch um unser Äußeres zu kümmern. Deshalb brauchen wir schnelle, wirksame und gute Helferlein in unserem Alltag. Mein Geheimtipp für euch ist Olivenöl. Das gehört nämlich keinesfalls nur in die Küche!

Olivenöl für die Haare

Regelmäßig in deine Haarspitzen einmassiert, wirkt Olivenöl wahre Wunder! Es hilft bei und schützt vor Spliss. Auch als Haarkur ist es ganz leicht anzuwenden. Verteile das Öl auf dem ganzen Haar, wickele ein Handtuch darum und lasse es etwa eine Stunde – wenn du magst, sogar eine ganze Nacht – einwirken. Das Olivenöl sorgt für Glanz und legt einen Schutzfilm um die Haare. Es verleiht ihnen Widerstandskraft und ein gesundes Aussehen.

Olivenöl für die Haut

Olivenöl kannst du wunderbar als Abschminköl nehmen! Selbst wasserfestes Make-up kannst du damit entfernen. Trage es auf einen Wattepad auf und reinige damit vorsichtig deine Haut und deine Augenpartie. Danach einfach dein Gesicht mit warmem Wasser abspülen – fertig!

Olivenöl zur Nagelpflege

Olivenöl in die Nagelhaut einmassiert und auf die Nägel aufgetragen bietet reichhaltige Pflege und sorgt für Widerstandskraft. Auch ein Handbad mit Wasser und ein paar Tropfen Olivenöl ist eine wunderbare Behandlung für gepflegte und gesunde Hände. Und außerdem ist es wahnsinnig entspannend.

BLEIBE DU SELBST!

Letztens im Badezimmer: Oh, die Beinhaare. Crazy. Daraus kann ich mir jetzt Dreadlocks zaubern. – Uh, hallo Nagellack auf den Zehen. Wieso blätterst du denn jetzt schon wieder ab? Mist, ich muss doch nachher noch zum Unterricht in die Schwimmhalle. Verdammte Axt, das sieht ja unmöglich aus. oder: Haare fönen? Ach nee, komm, ich mache mir schnell den obligatorischen Muttidutt. Du hast es längst gemerkt: Wir überspitzen diese typischen Momente, die du bestimmt auch so oder so ähnlich kennst, sehr bewusst. Damit wollen wir natürlich nicht ausdrücken, dass ungemachte Nägel, schnell frisierte Haare oder unrasierte Beine schlimm sind.

 ## Erinnere dich an Zeit mit dir

Wir wollen dir damit zwei Dinge aufzeigen: 1. Wie oft es bei uns Mamas schnell gehen muss und wir uns deshalb – wegen der ganzen Hetzerei – keine Zeit für uns selbst nehmen. Und 2. Dass wohl 90 Prozent der Mütter diese oder ähnliche Situationen kennen.

Es ist doch bekloppt! Wir nehmen uns für so viele Dinge Zeit, aber kaum welche für uns selbst. Falls du das Buch gerade von vorn bis hinten liest und auch schon einige unserer Tipps und Empfehlungen umsetzen konntest, wirst du wahrscheinlich schon gemerkt haben, wie gut dir die neu gewonnenen Freiräume tun. Du wirst wahrscheinlich mehr Kraft und mehr Energie spüren und in manchen

Momenten gelassener sein. Wir gehen nun noch einen Schritt weiter – und gleichzeitig zurück: Wie war das denn, bevor du Kinder hattest? Genau dort wollen wir hin und eintauchen in das Thema: Zeit für dich – für dich als Frau, Partnerin und als Freundin. Wir sprechen quasi den Teil in dir an, den es auch schon vor dem Mamasein gegeben hat. Dieser Teil ist natürlich noch da, aber heute logischerweise eng mit deiner Rolle als Mama verbunden. Erinnerst du dich noch an dein „altes Ich"? An die Frau, die freier war und mehr Zeit für sich selbst hatte? Genau die möchten wir gemeinsam mit dir in deinen Alltag zurückholen – oder auch neu erobern. ZACK!

 ## Liebe dich selbst

Wir möchten mit einem Thema einsteigen, bei dem unserer Erfahrung nach viele Mütter noch – sagen wir – Nachholbedarf haben: mit der Selbstliebe. Sag mal ehrlich, wie oft hast du in den letzten Tagen bewusst in den Spiegel geschaut? Wie oft hast du dich angelächelt, dir selbst zugenickt und zu dir gesagt: *Ich bin toll?* Wir vermuten, gar nicht. Falls wir mit unserer Vermutung richtig liegen, dann möchten wir dich fragen: Warum nicht? Denn du bist toll! Und nicht nur das: Du bist auch schön! Na, wie fühlt sich das jetzt an? Lachst du laut auf, winkst du ab oder denkst du vielleicht sogar: *Die spinnen ja, die vom MutterKutter!*

Wir wünschen uns und hoffen, dass du dich selbst in deiner ganzen Schönheit fühlen kannst. Wenn noch nicht heute, dann aber ganz bald. Dass du fühlen kannst, wie toll du wirklich bist. Vielleicht kannst du das auch schon ganz gut und sagst gerade, *Ihr habt recht. Wir sollten uns alle viel öfter sagen, wie schön und fantastisch wir sind.* Dann antworten wir: Applaus, mach weiter so!

Oft haben wir Mamas so viele negative Gedanken über uns selbst im Kopf. Das sind Gedanken, die beim bloßen Lesen schon selbstzerstörerisch wirken. Wir machen uns so oft kleiner als wir sind. Wir sehen so oft unsere Schönheit, unser Potenzial und unsere Einzigartigkeit nicht. Stattdessen sagen wir gerne: *Ich kann das nicht. Ich bin darin nicht gut genug! Ich bin zu dick. Gott, dieses Doppelkinn. Ich hasse es – lösche sofort dieses Foto!* Oder: *Warum liebst du mich überhaupt?* – Das ist harter Tobak. Und viel schlimmer: Es ist nicht wahr! Es ist nur in unseren Köpfen. Es ist unsere subjektive Empfindung. Unsere Kinder, unsere Familie und unsere Freund*innen betrachten uns aus einer ganz anderen Perspektive und in einem ganz anderen Licht. Wir lieben unsere Kinder doch auch ganz genau so, wie sie sind. Also sollten wir dringend mal anfangen, auch uns zu lieben, wie wir sind. So vermitteln wir unseren Kindern auch etwas Grundlegendes: *Liebe dich selbst. Du bist genau richtig! Stehe zu dir.* Wir geben unseren Kindern so Selbstsicherheit und Selbstvertrauen mit auf den Weg und natürlich auch Glück, weil die Sicht auf die positiven Dinge im Leben nicht durch negative Gedanken gebremst wird. Fantastisch!

Du weißt ja: Wir wünschen uns, dass auch du glücklich bist. Deshalb wird es nun sehr praktisch! Nimm dir deine Zeit für dich als Frau – für mehr Selbstbewusstsein und Selbstliebe.

NUR EINE MINUTE AM TAG

Nimm dir jeden Tag nur eine einzige Minute und mache die folgende Übung:

Schaue bewusst in den Spiegel. Lächle dich dabei selbst an und sage zu deinem Spiegelbild: Ich bin schön!

Diese Übung fühlt sich vielleicht völlig absurd oder total bekloppt an. Das ist egal! Versuche es bitte trotzdem. Gib dieser Übung ein bisschen Zeit, um zu wirken und integriere sie in deinen Tagesablauf. Sie wird nachhaltig wirken. Das versprechen wir dir!

Mit dieser Übung gehen wir noch einen Schritt weiter als mit der Spiegelübung im Kapitel „Kita, Schule und Job". Wir wollen mit dir an deinem Gefühlskern arbeiten, damit du spüren kannst, was in dir steckt. Das darfst du verinnerlichen für dein persönliches Glück und dein Leben. Selbstliebe macht Glück tatsächlich spürbar. Wiederhole die Übung deshalb vier Wochen lang täglich und notiere deinen persönlichen „Fühl-Erfolg". Stell dir dabei regelmäßig die Frage: Auf einer Skala von 1 bis 10: Wie sehr liebst du dich selbst, wenn 1 wenig und 10 viel ist? Schreibe ein Fühl-Tagebuch. Du wirst sehen, irgendwann bist du eine wahre Meisterin der Selbstliebe! Wir wissen es ja schon längst und sagen es dir gern noch einmal: Du bist toll – und das sollst du bitte ganz bald auch selbst fühlen!

 Fünf Tipps für dein Wohlbefinden und für mehr Zeit für dich!

Jetzt bist du dran! Das ist deine Zeit! Juhuuuu! Jetzt geht es wirklich nur um dich persönlich, diese nächsten Seiten sind quasi das I-Tüpfelchen auf deiner Reise zu dir selbst. Wie du dir mal eben zwischendurch easy mehr Zeit für dich nimmst – das erfährst du jetzt mit unseren fünf schnellen Tipps für mehr Me-Time.

Tipp 1: Erinnere dich an die Zeit vor den Kindern

Erinnere dich mal an die Zeit ohne Kinder, an die Zeit, bevor du Mama wurdest. Was hast du da gerne gemacht? Womit hast du den Tag einfach mal vertrödelt? Was hat dir Kraft gegeben? Oder was hast du besonders geliebt? Egal, ob Kinobesuch, ein Kaffee mit Freundinnen, eine Campingtour mit ein paar lustigen Kumpels, der Besuch im besten Club der Stadt, ein schöner Nagellack, Abendessen mit Freund*innen, eine neue Frisur, ein tolles Buch oder deine Lieblingsserie? Suche dir das raus, wofür dein Herz besonders schlägt und erinnere dich an das Gefühl, das du damit verbindest. Nimm dir ab jetzt zweimal im Monat die Zeit dafür. Hole dir ein Stück von dir selbst zurück! Es muss nicht lang sein, zwei Stunden können schon reichen. Plane diese Zeit für dich fest ein. Dafür habt ihr ja jetzt den Familienplaner. Trage deine Verabredungen mit dir selbst darin gleich ein. So hast du deine Zeit visuell für dich geblockt. *TOP!*

Tipp 2: Sei öfter mal offline!

Vielleicht kennst du diesen Moment, in dem dir dein Handy sagt, wie lange du durchschnittlich online warst in der vergangenen Woche. Wie oft denkst du: *Huch, oh, doch so viel?!* Oder auch: *Das könnte weniger sein, krass!* Wir raten dir, öfter mal das Handy beiseitezulegen. Und zwar nicht nur abends vor dem Schlafengehen, wie wir dir schon empfohlen haben, sondern auch einfach mal so. Sei einfach nur im Hier und Jetzt – ohne diese ständig aufploppenden Push-Nachrichten, ohne wildes Blinken oder lautes Brummen, das eingehende Nachrichten oder Anrufe signalisiert. Nutze diese Zeit für die Dinge, die dich persönlich erfüllen, denn auch das ist Teil des Plans, dich selbst wieder mehr zu spüren. Sei mehr im echten Leben zu Hause. Geh mit einem Strahlen über die Straße und lächle mal fremde Menschen direkt an. Andere anzuschauen statt ständig ins Handy zu gucken, bewirkt Wunder! Wir wetten: Das Lächeln wird erwidert!

Tipp 3: Unterhalte dich mit anderen – aber nicht über Kinder!

Du kennst es: In einer Runde mit anderen Eltern geht es plötzlich wieder nur um Kinder, Kita, Schule, Hausaufgaben, Familienurlaub … *HALT!* Es tut echt gut, einfach mal über was anderes zu reden. Denn auch das heißt, zu sich selbst kommen und sich als Individuum sehen und zu fühlen. Wir raten dir, falls du regelmäßig mit anderen Eltern ausgehst und diese Themen auf der Abendordnung landen, sag einfach *Wollen wir vielleicht mal über was anderes sprechen?* Vielleicht sind die anderen ja total dankbar. Falls du eine gute Freundin hast, die keine Kinder hat, triff sie regelmäßig. Das ist ganz anderer

Input! Und du kannst auch mal loslassen. Oder du verabredest dich mit deiner besten Freundin, die auch Mama ist, und ihr … (gleich geht's weiter)

Tipp 4: Triff regelmäßig deine beste Freundin!

… macht einfach mal nur was für euch! Sprecht über euch und eure Gefühle, vielleicht ja über Selbstliebe-Übungen oder lacht gemeinsam oder, oder, oder … Habt eine schöne Zeit zusammen! Das ist so viel wert! Wir haben die Erfahrung gemacht, dass es wichtig ist, sich sehr regelmäßig zu treffen und feste Termine auszumachen. Auch eine Freundschaft ist eine Beziehung und damit etwas, woran zwei Seiten „arbeiten" dürfen. Es ist nun mal einfach was anderes, einander zu sehen und Zeit miteinander zu verbringen, als lange zu telefonieren. Persönliche Zeit miteinander ist gut, einfach nur gut!

Tipp 5: Gönne dir mal was Schönes!

Kaufen wir nicht alle unseren Kindern zwischendurch mal ein Buch, ein Hörspiel, ein kleines Spielzeug oder eine schöne Klamotte? Vielleicht gibst auch du gerne Geld aus – nur eben oft für deine Familie und nicht für dich. Wie wäre es denn mal wieder mit etwas Schönem für dich? Für uns sind es oft die kleinsten Dinge, die uns große Freude bereiten: ein schönes Notizbuch oder ein toller Roman, ein bisschen (Natur-)Kosmetik oder auch ein schönes T-Shirt. Manchmal ist es ehrlicherweise auch eine Palette neue Unterbüxen, nämlich spätestens dann, wenn wir feststellen, dass unsere inzwischen aussehen, als ob Golfbälle durch sie durchgeflogen wären (echt jetzt!). Dann wissen wir: Wir sind an der Reihe.

Miste ordentlich aus und finde dich selbst

Wir stellen uns manchmal die Frage, ob Mamas eigentlich fremdge-
steuert sind. Wir haben das Gefühl, als würde uns irgendjemand, wie
eine Marionette an mehreren Schnüren hängend, hin- und hertanzen
lassen – mal linksherum, mal rechtsherum! Ständig machen und tun
wir irgendwas. Wir sind die Wünscherfüllerinnen, die Organisatorin-
nen, die Kühlschränkeauffüllerinnen, die Wäscherinnen, die Aufräu-
merinnen ... Wir könnten hier die Liste endlos fortführen, aber bleiben wir mal beim letzten Stichwort: Aufräumen. Darum wird es jetzt
gehen: Wir helfen dir bei deinem persönlichen Ausmisten!

ZÜCKE DEN ROTSTIFT!

Nimm dir einen Zettel und einen Stift zur Hand und überlege dir, was
und wer deine Zeitfresser, deine Schlechte-Laune-Macher und die Ober-
Nervensägen deines Lebens sind. Ja, das klingt jetzt erstmal ziemlich
hart – trotz allem haben wir die Erfahrung gemacht, dass gute Energie
von anderen Kraft gibt und negative Energie kraftraubend sein kann.
Deshalb haben wir uns an der einen oder anderen Stelle von Menschen
zurückgezogen, die uns Kraft gekostet, statt gegeben haben. Oder wir
haben Situationen verändert und Dinge angesprochen, die uns getrig-
gert oder ein schlechtes Gewissen gemacht haben.

Entrümple deine Woche

Beginne deine Lebensentrümpelung, indem du zunächst die Wochen-
tage durchgehst. Wetten, dass du dabei jede Menge findest, das dir
nicht guttut und was dringend entrümpelt werden sollte?!

Montag
Am Montag bringst du dein Kind z. B. zum Kinderturnen und wartest
da jedes Mal in der Umkleidekabine, weil es sich in der kurzen Zeit

nicht lohnt, von A nach B zu fahren. Du könntest die Zeit total gut für ein kleine Entspannung nutzen, wenn ... genau, wenn da nicht noch andere Eltern mit dir warten würden, die dich in ihre Gespräche einbeziehen, sich profilieren und dir so – wenn auch sicher ungewollt – den letzten Nerv rauben. *Mein Kind ist in der Englischklasse. Mega! Toni hat jetzt seit einem Jahr Klavierunterricht und macht es verdammt gut.* Oder *Wackelzahnpubertät? Was ist das? Wir haben keine Probleme. Wir streiten uns selten und es läuft immer harmonisch.* Das sind Momente, in denen du innerlich vielleicht hysterisch lachst und denkst: *Genau!* oder *Bei den anderen ist es immer so entspannt. Was mache ich nur falsch?* Was du falsch machst? Nix! Doch, vielleicht eine klitzekleine Sache: Du wartest in der Umkleidekabine und hörst zu, statt den Rückwärtsgang einzulegen, dich lächelnd und winkend mit einem *Bis später, ich muss mal los!* zu verabschieden. Also, setze den Rotstift an und gehe ohne schlechtes Gewissen raus!

Dienstag

Du bist in deinem Sportkurs mit vielen anderen Müttern! Du blickst in die Runde und stellst fest, dass da lauter Mamas um dich rumstehen, die wahnsinnig selbstbewusst sind und so tun, als ob alles – also wirklich alles! – supertoll zu Hause ist. Da sind diese Mamas, die anscheinend diesen perfekten Instagram-Ausschnitt ins echte Leben tragen. Das sind Menschen oder Momente, die dich in deiner müden Situation triggern. Vielleicht geht es in deinem Kurs auch ständig um das Thema Gewicht. Du hörst Sätze, wie: *Du, ich habe in den letzten Monaten neun Kilo abgenommen. Das war ja einfach.* Das sind Momente, in denen du möglicherweise an dir herunterblickst, schwer schlucken musst und du dir ein paar Tränchen verkneifen musst, weil genau das dein Thema ist: Du fühlst dich nicht wohl in deinem Körper. Das letzte, was du jetzt hören möchtest, ist, wie problemlos es bei denen läuft.

Du brauchst wahrscheinlich gerade eher Menschen, die zu dir sagen: *Du siehst glücklich und toll aus! Mach dir keine Sorgen, alles ruckelt sich zurecht – auch dein Körper. Schau mal, was für ein Wunder er ermöglicht hat. Sei stolz auf dich!* Deshalb sagen wir hier: Rotstift ansetzen und weg damit! Such dir bitte einen anderen Sportkurs. Falls du gerade in der Phase bist, in der du lieber mit dir alleine Sport machst – auch super! Es gibt tolle Online-Programme mit sehr guten Anleitungen. Natürlich ersetzen sie nicht die Profi-Sicht eines Trainers auf deine Haltung, aber trotzdem können sie für dich gerade eine wunderbare Lösung sein.

Mittwoch

Heute ist Elternabend der Klasse 3a. Es graut dir schon davor, aber dein schlechtes Gewissen treibt dich wieder dazu, diese oft gähnend langweilige Veranstaltung zu besuchen. Du bist müde, findest die Elternschaft nur mittelmäßig sympathisch und die Klassenlehrerin hat die beruhigende Wirkung einer Schlaftablette auf dich. Statt auf den Punkt zu kommen, werden Nichtigkeiten auf Kaugummilänge gezogen. *Lassen Sie uns bitte diskutieren, ob wir die Kekse für den Adventsbasar in umweltfreundlichen, wiederverwertbaren Gläsern oder ausnahmsweise letztmalig in Cellophan-Tütchen verkaufen wollen!* Du denkst: *Jetzt nehmt bitte diese wiederverwendbaren Gläser. Ich will nach Hause. Mir platzt gleich der Busen, wenn ich nicht endlich stillen kann.* Es schreit auch hier nach einem Rotstift! Es reicht, wenn du dir vom nächsten Elternabend das Protokoll durchliest oder – noch besser – einfach deine*n Partner*in hinschickst.

Donnerstag

Bist du in der komfortablen Situation, dass dich einmal in der Woche eine Putzfee unterstützt oder deine Schwiegermutter zum Helfen kommt? Und was machst Du? Du räumst vorher erst mal alles picobello auf. *HALT! STOPP!* Lass das! Du bezahlst deine Reinigungskraft dafür, dass sie euch unterstützt. Und deine Schwiegermutter? Nun ja, sie ist doch selbst Mama und wird vermutlich wissen, wie schweißtreibend der Mama-Alltag sein kann. Falls sie das aber doch vergessen haben oder ignorieren sollte, dann atme und beruhige dich. Falls du komische Blicke ernten solltest, dann such doch mal das direkte Gespräch: *Lieben Dank, dass du mir hilfst. Das weiß ich sehr zu schätzen. Ich kann deine Hilfe gut gebrauchen, es ist ja doch gerade etwas viel, was der Tag so alles an Aufgaben mit sich bringt. Wie hast du das denn damals gemacht?* Stichwort: entwaffnen. Versuche es mal. Das kann so richtig entstressend sein. Also auch hier: Setze den Rotstift an und streiche deine persönlichen Sorgen!

Freitag

Das Wochenende steht vor der Tür, und es hat sich spontan die Verwandtschaft angemeldet. Eigentlich ja auch kein Problem, nur: Erstens magst du gerade nicht viel reden, weil du einfach unglaublich müde bist und zweitens würdest du gerne die Zeit für dich nutzen, statt sie mit anderen zu verbringen. Nun denkst du: *Ich kann ihnen doch nicht sagen, dass es null passt, es ist ja die Verwandtschaft. HALT! STOPP!* Höre auf deine Bedürfnisse, äußere sie und setze den Rotstift an, wenn der Besuch gerade ein Zeitfresser ist. Streiche bitte den Satz *Ich muss für alle parat stehen.* Sei ehrlich und sage, dass es entweder für euch nicht passt, falls es tatsächlich so ist, oder „mach klare Kante" und sage: *Ich freue mich auf deinen/euren Besuch. Ich brauche allerdings Zeit für mich. Wir freuen uns, wenn ihr zu uns kommt. Es werden ja dann alle da sein, aber ich muss mich mal eben ausklinken.* Und, wie wirkt es? Befreiend, oder?

Wirf einen Blick in dein persönliches Umfeld

Nun hast du schon ordentlich Platz in deiner Woche geschaffen! Wirf jetzt einen Blick in dein persönliches Umfeld: Woher kommen deine Freund*innen und Bekanntschaften? In der Regel stammen sie aus deiner eigenen Schulzeit oder dem Studium, aus der Nachbarschaft, aus der Kita … Du umgibst dich also mit Menschen, mit denen du etwas teilst, nämlich: Gemeinsamkeiten. Das Fortbestehen dieser Schnittmengen ist wichtig, damit die Freundschaft auch erhalten bleibt. Wir wissen alle, dass sich unsere Interessen, unsere Vorlieben und unser ganzes Leben mit der Zeit wandeln. Deshalb ist es ganz natürlich, dass sich auch das Freund*innen-Karussell im Schnitt alle sieben Jahre dreht und Kontakte nach einiger Zeit anfangen zu bröckeln.

Das Gute daran ist, dass du alte Freundschaften durch neue ersetzen kannst. Merkst du also, dass sich deine ehemals beste Schulfreundin, der du eine lebenslange Treue geschworen hattest, völlig anders entwickelt hat und du die Treffen mit ihr langweilig findest: Setze den Rotstift im Adressbuch an und zieh einen Strich. Wir denken, es ist immer wichtig, ehrlich zu sein, wenn du gefragt wirst, warum du dich nicht mehr meldest.

HIER KANNST DU NOCH MEHR AUSMISTEN

Hast du noch Kontakte zu Müttern aus der Krabbelgruppe von vor sechs Jahren, zu deren Treffen du nur widerwillig gehst, weil du eigentlich alle langweilig findest: Setze den Rotstift an!

Baggert dich immer noch dein alter Studienkumpel an, der schon damals deine Füße so unglaublich sexy fand: Rotstift! Solche Menschen können Nerven kosten oder einen emotional „erdrücken".

Kommen wir zurück zu unserer Mama-Job-Auflistung am Anfang des Kapitels: Wünscheerfüllerin! Im tiefsten Herzen weißt du doch eigentlich, was DIR guttut. Du weißt auch, dass Erwartungen und Wünsche anderer nicht dazugehören. Wir möchten dir Mut machen und dich sogar dazu auffordern, dich nicht immer nur für andere starkzumachen, sondern primär auf dich selbst zu schauen, bis du wieder Kraft hast und motiviert bist, dich für andere einzusetzen. Nur wenn man etwas mit Liebe und Leidenschaft und aus voller Überzeugung tut, fühlt es sich auch richtig gut an: Nur so kannst du wirklich du selbst bleiben!

Hole dich selbst Schritt für Schritt zurück

Ja, du bist Mama. Du bist eine wundervolle Mama! Dein Kind oder deine Kinder hätten sich keine bessere wünschen können. Ja, auch mit all deinen Ecken und Kanten, mit deiner Unperfektheit und deinen Fehlern. Das alles steht völlig außer Frage und wir möchten dir mit diesem Buch immer wieder sagen, WIE wunderbar du bist – als Mama, aber auch als Mensch. Und damit kommen wir zu dem entscheidenden Punkt: Du BIST nicht nur Mama, sondern auch ein Mensch!

Du bist auch ein Mensch fernab vom Füttern, In-den-Schlaf-Wiegen, Vorlesen und Kümmern. Ein Mensch mit eigenen Bedürfnissen. Irgendwann kommt der Punkt, an dem es wichtig ist, dem auch wieder Rechnung zu tragen. *Doch wie geht das überhaupt?*, höre ich so manche Mama fragen. Fragst du dich das auch? Nicht nur, dass du vor lauter *Mamaaa!* verlernt hast, auf deine eigenen Wünsche zu hören, die sich immer mal wieder zaghaft und mit leiser Stimme versuchen, zu Wort zu melden. Oft weißt du gar nicht, wie du es überhaupt anstellen sollst! Der Tag ist doch mit nur 24 Stunden eh schon sehr knapp bemessen! Wie sollst du da denn noch eine andere Person außer „der Mama" reinpacken?! Doch dieses Argument gilt nicht! Es MUSS ein Platz für die Frau, die Freundin (für welchen Teil auch immer) neben „der Mama" vorhanden sein!

Natürlich ist dein Nicht-Mama-Du nicht immer gleichermaßen präsent. Ist dein Kind krank oder braucht es auf eine andere Art und Weise deine Nähe, ist klar, dass du da bist und natürlich auch da sein möchtest. Da treten andere Dinge in den Hintergrund. Doch oft ist es eben auch so, dass du nur das Gefühl hast, es ginge nicht ohne dich. Dann tappst du in die Falle! Vernachlässigst die anderen Facetten deiner Persönlichkeit und läufst Gefahr, deine Wünsche und Bedürfnisse immer hinten anzustellen, und dich damit Stück für Stück selbst zu verlieren. Deshalb ist Folgendes unsere Bitte: Lasst uns dem entgegentreten! Lasst uns gemeinsam immer wieder die Frau, die Freundin, ach, eben einfach „die Doro", „die Kerstin", „die Isabel", „die Judith" und all die tollen Frauen dort draußen rausholen und das Leben feiern! Und wie soll das funktionieren? Na, schrittweise!

Schritt 1: Lege dein schlechtes Gewissen ab!

Es ist verrückt, aber die Wahrheit ist: Oft stehst du dir einfach selbst im Weg. Häufig ist es dein schlechtes Gewissen, das dich daran hindert, immer mal die Mama-Rolle ablegen zu „dürfen". Möglicherweise spuken auch dir immer wieder Pauschalsätze durch den Kopf, wie *Das macht man aber als gute Mutter nicht!*

Damit ist jetzt Schluss! Dafür musst du dir zunächst ganz deutlich bewusst machen, dass du eine gute Mutter bist, dass du dein ganzes Herzblut in dein Kind oder deine Kinder legst, dass du perfekt bist, wie du bist! Begreifst du das einmal, hältst du auch das immer wieder aufkeimende Gefühl aus, noch mehr machen zu müssen. Denn ganz ehrlich, das ist doch gar nicht nötig. Deshalb sagen wir: Weg mit dem schlechten Gewissen, wenn du dir selbst Freiräume schaffst, wenn du einfach mal nur an dich denkst!

Schritt 2: Ein glückliches Kind braucht eine glückliche Mama!

Allein diese Erkenntnis wird dir dabei helfen, darauf zu achten, dass auch deine Wünsche und Bedürfnisse wichtig sind. Dein Kind oder deine Kinder haben nämlich ein Recht auf eine glückliche Mutter. So glücklich uns unsere Kinder auch machen, so sehr brauchen wir alle dennoch für unser Wohlbefinden erwachsene Ansprechpartner*innen, andere Dinge und Erlebnisse, die uns begeistern, fordern, fördern, Freude und Ausgeglichenheit bescheren und unsere Akkus wieder aufladen. Im Grunde ist es beinahe unfair, all dies von unseren Kindern zu erwarten. Das können (und sollen) sie nämlich gar nicht leisten!

Schritt 3: Her mit dem schönen Leben!

Um aus der Mama-Rolle ausbrechen zu können, musst du dich manchmal trauen und dir erlauben, flexibel und spontan zu sein. Eigentlich war der Abend anders geplant, aber nun ist eine Freundin zufällig an tolle Konzertkarten gekommen? Super, du bist dabei! Dann kocht der Papa eben heute mal und liest eine Gutenachtgeschichte vor. Auch du darfst mal die vorgegebenen Pfade verlassen und aus liebgewonnen Ritualen ausbrechen. Vermutlich wirst du morgen früh müder sein als sonst, aber dafür mit frischer Energie erfüllt. Und letztendlich kommt das auch deinen Kindern zugute!

Schritt 4: Du bist Vorbild!

Ganz ehrlich: Was wünschst du dir für deine Kinder und ihr weiteres Leben? – Dass sie glücklich sind! Dass sie ein ausgefülltes Leben führen! Dass sie verschiedene Bereiche ihrer Persönlichkeit ausleben können! Und wie kannst du dafür den Grundstein legen? Mit dir selbst. Wenn deine Kinder sehen, dass du vielseitig interessiert bist, dass du Wert auf deine Freundschaften legst und offen für Neues bist, dann lernen sie an deinem Beispiel.

Schritt 5: Vergleich dich nicht (mehr) mit anderen Mamas!

Völlig egal, was andere Mamas tun, damit es ihnen gut geht. Du machst bitte genau das, was DICH erfüllt! Nein, es muss kein Kinobesuch sein, nur damit du mitreden kannst, wenn sich die anderen Mamas über den Film unterhalten. Nein, du musst auch keinen Näh- oder DIY-Kurs belegen, und wenn du Theater nicht leiden kannst, setze bitte keinen Fuß hinein. Du darfst stundenlang mit deiner Freundin um die Häuser ziehen, tanzen gehen, Kampfsport machen, völlig egal, was. Hauptsache es tut deiner Seele gut, füllt deine

Reserven auf, stärkt die Frau, die Freundin und „die Anna" (oder wie du eben heißt). Du bist einmalig – und du bist so wichtig!

Wir Mamas müssen lernen, dass wir das Recht haben, in uns, unseren Körper und unsere Seele zu investieren. Dass wir all das tun dürfen, was uns gut tut uns und unser gesamtes Ich zusammenhält. Für jede Mama mag das etwas anderes sein – finde es für dich heraus! Ohne schlechtes Gewissen, ohne Rechtfertigung. All das, was du für dich tust, kannst du auch weitergeben.

 ## Lasse auf allen Ebenen los!

Nicht selten findest du dich nach deinem ersten halben Jahrzehnt als Mama in einer Situation wieder, in der du dich ernsthaft fragst: Wer bin ich eigentlich? Und wahrscheinlich hast du in diesem Moment auch absolut keine Ahnung, wie du hier hingekommen bist. Aber du weißt, es war ein weiter, harter Weg! Die gute Nachricht lautet: Du bist immer noch du selbst. All das, was früher zu dir gehörte und immer noch zu dir gehört, ist in dir drin! Vielleicht liegt dein Du verschüttet unter den Anforderungen des Alltags oder vielleicht ist es eingestaubt von deinen Erfahrungen in den letzten Jahren. Aber es ist da, und du kannst es wieder zum Leben erwecken. Wir legen dir deshalb ans Herz, alles loszulassen, was du nicht brauchst!

Was dein Neid über dich verrät

Wenn du bis hierher gelesen hast, dann wurdest du an mehreren Stellen daran erinnert, dass es in deiner Mutterschaft – und auch in deiner Selbstfürsorge – um dich geht und nicht um all die anderen Mamas da draußen. Mama-Vergleich macht eben nicht reich, sondern unzufrieden! Vielleicht kennst du ja auch dieses piksende Gefühl, das sich manchmal anbahnt, wenn du online oder offline beobachtest, dass andere Mamas gut für sich sorgen.

Ich spreche nicht von Wehmut, sondern von Neid. Wir haben gelernt, dass Neid etwas Böses ist, etwas, das niemand haben will und dementsprechend niemand haben sollte. Dennoch haben wir ihn alle – mal mehr, mal weniger, mal direkt als solcher erkennbar, mal verschleiert in Wut oder Geringschätzung.

Doch dein Neid ist ein wichtiger Bestandteil deiner Selbstfürsorge. – Wie bitte? Ja, denn dein Neid ist weder böse noch unerwünscht. Dein Neid zeigt dir auf eine sehr deutliche Art und Weise, dass dir etwas fehlt und gibt dir sogar ziemlich genaue Hinweise darauf, was es ist. Das ist für dich ein Geschenk, denn viele Mamas würden gerne etwas für sich tun, aber wissen nach all den „kinderlastigen" Jahren gar nicht mehr, was sie eigentlich brauchen und möchten.

Hier kommt nun dein Neidgefühl ins Spiel. Es ist nichts, wofür du dich schämen musst und definitiv nichts, was du unter den Tisch kehren solltest. Nimm es an und packe es direkt auf den Tisch. Schau es dir an und werde dir klar darüber, was genau ist es, das du an Mama XY so beneidest? Dein Neid ist FÜR dich da und nicht gegen dich. Deshalb ist das, was du beneidest, nicht selten genau DAS, was du möchtest. Oft ist es sogar das, was du wirklich brauchst. Wenn du also das nächste Mal deine Augenbrauen hochziehst, wenn dir eine Mama davon erzählt, dass sie am Wochenende frei hat – so richtig ohne Kinder! –, dann darfst du genau hinspüren. Steckt hinter deinen hochgezogenen Augenbrauen tatsächlich Unverständnis und Verwunderung oder vielleicht der Wunsch nach genau dieser Freiheit? Falls es diese Freiheit ist, die du brauchst, dann nimm dich in diesem Bedürfnis ernst und setze alles daran, sie in die Tat umzusetzen. Deine ureigenen Bedürfnisse machen dich nicht zur schlechten Mutter, sondern zum Menschen.

Welche Bedürfnisse hat deine Seele?

Es braucht nicht etwa den Kuss des Prinzen! Du brauchst den Mut, dich selbst aufrichtig zu fragen: *Was brauche ich gerade eigentlich?* Denn hinter dieser Frage versteckt sich der Kosmos deiner Bedürfnisse. Sie zu (er-)kennen, ist der Schlüssel für eine ertragreiche Selbstfürsorge. Dabei reichen deine Grundbedürfnisse weit über deinen Körper hinaus. Natürlich ist es für dein Wohlbefinden von großer Bedeutung, dass du ausreichend und gut isst und trinkst sowie genug schläfst. Oft sind es genau diese „Bedürfnis-Basics", bei denen du beginnen darfst, da sie einen großen Leidensdruck schaffen können. Aber auch deine Seele hat Grundbedürfnisse, die dich brauchen. Oder anders ausgedrückt: Du brauchst diese (erfüllten) Grundbedürfnisse in deinem Leben, damit es dir gut geht und du spürst, dass du richtig bist in deinem Leben. Lass uns also mal einen Blick darauf werfen, welche Grundbedürfnisse deine Seele mit sich bringt:

1. Bindung

Deine Seele sehnt sich danach, mit anderen Menschen in Verbindung zu treten. Und zwar nicht nur mit den kleinen Menschen in deinem Leben. Die aufrichtigen Verbindungen zu deinem Partner bzw. deiner Partnerin und zu echten Freund*innen tun deiner Seele gut.

2. Orientierung und Kontrolle

Du brauchst einen Raum, in dem du die Dinge um dich herum überblicken kannst. Einen Raum, in dem du diejenige bist, die über ihr eigenes Tun und Lassen entscheidet. Wie groß dieser Raum ist, ist zu Beginn deines Selbstfürsorge-Abenteuers gar nicht so bedeutsam. Viel wichtiger ist, dass du diesen Raum zulässt. Lass ihn Stück für Stück wachsen.

3. Selbstwertschutz und Selbstwerterhöhung

Deine Seele strebt danach, wertvoll zu sein. Alle Erfahrungen, die dich zur Erkenntnis führen könnten, du seist weniger wert als bisher angenommen, tun weh. Anders herum kannst du dir bewusst Situationen schaffen, in denen du dir ganz klarmachst, wie wundervoll und wertvoll du bist. Das ist in der Umsetzung oft das „schwierigste

Bedürfnis", da wir alle darauf konditioniert sind, unsere Fehler zu sehen statt unsere Wunder. Aber die Herausforderung ist die Mühen wert.

4. Lustgewinn und Unlustvermeidung

Es hört sich komisch an, hat aber nicht zwingend etwas mit Sex zu tun. Kern dieses Grundbedürfnisses ist die Tatsache, dass wir Menschen positive Erfahrungen und Situationen anstreben und negative, schmerzhafte Erfahrungen möglichst vermeiden möchten. Hierbei hast du mehr Gestaltungsmöglichkeit, als du vielleicht meinst. Durchforste deinen Kalender doch mal nach „unlustigen Terminen" und frage dich ganz ehrlich, was davon wirklich sein muss.

DEINE BEDÜRFNIS-STELLSCHRAUBEN

Du siehst, es gibt zahlreiche Bedürfnis-Stellschrauben an denen du experimentieren und drehen darfst, so lange, bis es dir gut geht. Und bitte nicht alles auf einmal, sondern in deinem Tempo. Denn es geht – wer hätte es gedacht – um dich! Vermutlich fühlt sich das komisch an. Schließlich drehte sich dein Leben in den vergangenen Jahren um so ziemlich alles, außer um dich selbst.

Unsere Kinder sind nun einmal bedürftige, kleine Wesen, die auf uns angewiesen sind. Natürlich darfst du deine Bedürfnisse für die deines Kindes hinten anstellen. Aber spätestens in dem Moment, in dem du nicht mehr diejenige bist, die diese Entscheidung frei trifft, darfst du dich dringend um deine eigenen Bedürfnisse kümmern und dich im gleichen Atemzug nach Unterstützung umsehen. Wir wissen, das sagt sich so leicht: *Gründe dein Dorf, verteile die Aufgaben auf mehrere Schultern und lebe eine „artgerechte Mutterschaft".*

Aber nein, es ist nicht leicht, sein Dorf zu gründen! Ebenso wie Rom nicht an einem Tag erbaut wurde, wird es auch eine Weile dauern, bis du dein Dorf so eingerichtet hast, dass es dich und deine

Familie mittragen kann. Es ist ein bisschen wie in deinem Garten. Es gibt zwar viel Wildwuchs, der auch gesund und schön sein kann, aber wenn du dir eine bestimmte Blume wünschst, dann darfst du diejenige sein, die den Samen in die Erde legt und Tag für Tag mit der Gießkanne vorbeischaut. Es kostet Zeit und Kraft, ein eigenes Dorf zu gründen und dementsprechend gibt es tausend Gründe, es nicht zu tun. Wenn dir eines in deiner Mutterschaft fehlt, dann vermutlich Zeit und Kraft, aber auch hier lohnt sich der Blick in deinen Garten. Was dich den Samen pflanzen lässt, ist die Vision von dem, was aus ihm erwächst. Wenn du also spürst, dass du Unterstützung möchtest und/oder brauchst, dann wage es und zücke an dieser Stelle noch einmal Zettel und Stift. Gib der Vision deines eigenen Dorfes ein Gesicht: Wie sieht es aus? Wie viele Menschen wohnen in deinem Dorf? Wie können sie dich unterstützen? Was kannst du ohne viel Aufwand in dein Dorf einbringen? Male dir dein Dorf in den buntesten Farben aus. Denn je vielversprechender deine Vision, desto größer wird dein Mut, aktiv zu werden. Eins ist klar, ein tragfähiges Dorf ist DER „Partner in Crime" für deine Selbstfürsorge. Es gibt dir Luft zum Atmen und Raum zum Du-selbst-Sein. Das wünschen wir dir sehr in deinem Leben!

EIN LETZTES AHOI, LIEBE MAMA!

Da sind wir nun am Ende unseres Buches angekommen, liebe Mama! Wir hoffen sehr, dass du dich an vielen Stellen in unserem *Survival-Guide* wiedergefunden, mit uns gefühlt, gelacht, genickt oder einfach mal geatmet und dir Zeit für dich genommen hast.

Das war eine Menge Holz. Es gab viel Input, viele Themen, Anregungen, Ideen und Übungen. Ganz klar: Du wirst sicherlich nicht eins zu eins alle Tipps und Tricks, die wir vorgeschlagen haben, umsetzen können. Zum einen, weil es dafür zu viele sind. Zum anderen, weil sicherlich nicht jede beschriebene Situation exakt deine ist. Was wir uns aber wünschen, ist, dass du dir aus jedem Kapitel das mitnimmst, was du brauchst. Das wäre für uns ein voller Erfolg!

Vielleicht haben wir dir an der einen Stelle eine Idee geliefert, einen Rahmen gegeben – und du füllst ihn aus. Vielleicht ist dieses Buch nun dein Anker. Vielleicht sagst du jetzt auch *Die Tipps rund um das Thema Gesundheit sind ja super. Ich gehe sie jetzt Schritt für Schritt an.* Perfekt! Dann freuen wir uns riesig und rufen dir alle gemeinsam zu: *TSCHAKKA! Du kannst es! Du bist Mama. Du hast Leben geschenkt. Du bist stark. Vertraue dir!* Du hast den vollen MutterKutter-Support!

Wichtig ist uns, noch einmal zu betonen: Habe Geduld, mit dir und deiner Familie. Nicht alles geht auf einmal. Manchmal geht es auch zwei Schritte nach vorn, wieder drei zurück, vier nach vorn und zwei zurück. Aber wenn du an einem Rädchen drehst, dann bewegen sich an einer anderen Stelle andere mit. So kommt nach und nach Veränderung in Gang. Erwarte nicht zu viel von dir. Vielleicht entwickelt sich eine bestimmte Situation auch anders als du es ursprünglich wolltest – und du stellst am Ende fest: Das ist ja noch besser als erwartet! Sei bereit und offen für die Veränderung! Mache einen

Schritt nach dem anderen. Wenn du nun endgültig sagst: *Ich muss etwas verändern. So können wir nicht weitermachen. Ich fange jetzt wirklich an!*, dann betrachte dieses Buch mit unseren Worten als deinen persönlichen und vor allem liebevollen *Kick In The Ass*.

Wir wünschen dir und deiner Familie alles Liebe. Kraft, Gelassenheit und Gesundheit. Pass auf dich und euch auf!

Alles Liebe von
Doro, Kerstin, Judith & Isabel

DIE MUTTERKUTTER-CREW SAGT DANKE!

Dorothee Dahinden, *Herausgeberin von MutterKutter, (TV-)Journalistin, Foto- und Videografin, KIEL*

Wir haben ein Buch geschrieben! Für mich immer noch ein wenig surreal. – Es ist ein Traum in Erfüllung gegangen. Ich möchte mich bei allen bedanken, die mich auf diesem Weg begleitet haben:

Bei meinem Mann Thorsten – du bist mein liebender Fels in der Brandung, bei meinen Töchtern – was wäre ich ohne euch? Ihr habt mich stark und selbstbewusst gemacht, ich liebe euch! Bei meiner Mutter – für diese unfassbare Liebe, die du mir und uns schenkst, bei meinem Vater und bei meiner Stiefmutter Eva – für den unerschütterlichen Glauben an mich. Bei meinen Schwiegereltern Frauke und Günter – dafür, dass ihr einfach immer da seid! Bei meiner Tante Birgit – für jedes klare, stolze Wort.

Bei meinen drei Seelenfreundinnen Anne, Tina und Fredi! Wir sind schon ewig verbunden, auch ohne Worte. Was für ein Geschenk, bei meiner „Familienfreundin" Alke: Du inspirierst mich! Bei meinen wundervollen Freundinnen Gesche, Steffi, Sandra, Inka und Sonni – ihr kamt mit den Kindern und seid heute schon Herzensmenschen! Bei meiner Freundin Mellie – für jeden pädagogischen Blickwinkel. Bei meiner TV-Kollegin und Freundin Anna – danke für dein Ohr auf allen Kanälen. Bei meinen Mama-Mädels Anna & Tini – ihr seid mein Nachmittagssupport!

Und natürlich bei meiner MutterKutter-Crew. Ohne euch würde der MutterKutter längst in einem Hafen verrotten, weil ich das alles alleine nicht geschafft hätte. Kerstin, du wundervolle Powerkanone:

Du bist mein Gaspedal im Herzen! Judith, du Engel: Du bist mein Spiegel im Herzen. Isabel, du Seele: Du bist mein Balsam fürs Herz!

Danken möchte ich im Namen von uns allen natürlich auch allen MutterKutter-Leser*innen. Bei jeder*jedem Einzelnen von euch. Ihr seid die, die unser Geschichten-Herz schlagen lassen, und auch ihr seid MutterKutter. Ihr habt mir persönlich in all den Jahren immer wieder gezeigt, dass es sich lohnt, weiterzumachen, an das eigene Ding zu glauben und auch, dass Wachstum möglich ist in einer virtuellen Welt, in der schon gefühlte eine Million Mama-Blogs existieren. DANKE, ihr wundervollen Leser*innen. Ihr seid unser täglicher Motor: Jedes Like, jedes Follow, jeder Kommentar auf dem Blog oder in den sozialen Medien ist wertvoll, genauso wie jede Diskussion, denn nur so können wir wachsen. Dieses Buch zeigt: Wir sind enorm gewachsen und sichtbar geworden. Daran habt ihr Anteil! Wahnsinn! Ihr seid unser täglicher Motor!

Danken möchte ich auch unserer Lektorin Katia Simon: Liebe Katia, der ehrliche und kreative Austausch mit dir tat uns einfach sooo gut – und natürlich danken wir dem humboldt Verlag. In Person: Mark Wachsmann. Wir sind überwältigt von deinem Glauben an uns, für jedes Mut machende Wort von dir und wir danken dir dafür, dass du unseren Traum vom eigenen MutterKutter-Buch hast Wirklichkeit werden lassen!

Eure Doro

Kerstin Lüking, *Hebamme & siebenfache Mama, BERLIN*
An allererster Stelle möchte ich mich ganz herzlich bei unserer Kapitänin und Freundin Doro bedanken. Sie hat Judith, Isabel und mich mit dem Spürsinn eines Trüffelschweines gefunden und zusammengebracht, was ein großer Glücksfall war. Wir dürfen nun gemeinsam auf große Fahrt gehen und fühlen uns alle sehr wohl auf unserem Sonnendeck.

Gleich danach geht ein großer Dank an meinen Mann Holger und meine Kinder. Meine Familie muss immer herhalten, wenn es um

Geschichten aus unserem Leben geht. Mein Sohn Paul fragt schon immer, wenn er mir etwas erzählt, ob er das dann auf MutterKutter nachlesen kann. Gelegentlich muss ich das schmunzelnd bejahen. Auch in unserem gemeinsamen Buch werden sich meine Kinder wiederfinden. Ein großes Dankeschön geht an die tollen Frauen vom dm glückskind-Team und an Silvia Emge und Vivian Hudzicki von Rotho Babydesign. Es macht einfach riesigen Spaß, mit und für euch zu arbeiten. Natürlich geht auch ein Dankeschön an meine vielen Familien, die ich als Hebamme begleiten und dort meine Erfahrungen sammeln darf und durfte. Ich kann euch allen nur sagen: Verzweifelt nicht, Ihr wachst in die Elternrolle hinein. Haltet durch – und es wird etwas ganz Tolles daraus entstehen. Habt den Mut, Entscheidungen zu treffen! Es gibt kein Richtig oder Falsch, selbst wenn ihr das täglich im Internet weisgemacht bekommt. Ihr werdet euren Weg gut gehen. Da bin ich mir ziemlich sicher!

Eure Kerstin

 **Dr. Judith Bildau**, *Frauenärztin, Medizinjournalistin, Buchautorin & Model, Toskana*
Ich möchte in erster Linie meiner Familie danken, die mich Mama sein lässt, mit all meinen Ecken und Kanten. Mamasein ist die anspruchsvollste, aufregendste und wunderbarste Aufgabe, die ich in meinem Leben habe. Es ist eine Reise, auf die ich tagtäglich und jeden Morgen aufs Neue gehe, die manchmal holprig und kurvenreich ist, mal irre schnell, mal schleppend langsam. Hinter vielen Ecken lauern Überraschungen, und ich glaube, so viele Notfallpläne, Alternativprogramme und Erste-Hilfe-Aktionen, wie ich sie in den letzten Jahren aus dem Ärmel geschüttelt habe, habe ich in meinem ganzen Leben, also dem Leben vor dem Mamasein, noch nie ausgeheckt, geschweige denn gebraucht. Es ist aber vor allem eine Reise, deren Route von Liebe erfüllt ist, von unbeschreiblicher Liebe, von viel Lachen und wunderbaren Momenten.

Ich bin unendlich dankbar für die echte Verbundenheit der MutterKutter-Frauen. Wir sind alle völlig unterschiedlich, auf verschiedene Städte verteilt, an verschiedenen Punkten unseres Lebens stehend – und doch haben wir uns gefunden. Ich empfinde das als ein sehr großes Geschenk und möchte mich deshalb bei euch, liebe Doro, liebe Kerstin, liebe Isabel, von ganzem Herzen bedanken. Ihr bereichert mein Leben, gebt mir Denkanstöße, Anregungen- und all das ohne Fingerzeig, niemals belehrend, sondern immer auf Augenhöhe und als das, was wir alle sind: Frauen, Mütter, Freundinnen, die ihren eigenen Weg gehen und für alle das Beste wollen. Danke, dass ihr da sein.

Lieber Mark Wachsmann, durch einen Zufall haben wir uns kennengelernt, nun erscheint schon ein zweites Buch im humboldt Verlag, an dem ich mitarbeiten durfte. Vielen, vielen Dank für deine stete Ruhe, deine Gelassenheit, deinen großen Erfahrungsschatz und deinen unerschütterlichen Glauben an uns, auch als Team.

Liebe Mamas dieser Welt, auch und vor allem bei euch möchte ich mich bedanken. Ich möchte euch dafür danken, dass ihr diese Verantwortung übernommen habt und Kinder auf dieser Welt begleitet. Ihr habt eine Schwangerschaft gemeistert, eine Geburt, habt vielleicht ein Kind in eurem Herzen und eurem Leben aufgenommen, dass eine andere Frau zur Welt gebracht hat, habt schlaflose Nächte überstanden, wilde Geburtstagspartys überlebt. Ihr kümmert euch um kranke kleine Wesen, um zahnende, um trotzige, um schimpfende. Ihr verjagt Monster, besticht die Zahnfee, habt mittlerweile so viele Frühstücksbrote geschmiert, dass ihr sie nicht mehr zählen könnt. Ihr sitzt stundenlang auf viel zu kleinen Stühlen beim Elternabend, habt schlaflose Nächte, weil ihr euch Sorgen macht. Ihr geht einkaufen und habt am Ende die Taschen voll für eure Kinder und dabei ganz vergessen, dass ihr eigentlich eine Hose für euch kaufen wolltet. Ihr bastelt Adventskalender, Schultüten und Osternestchen. Ihr könnt mittlerweile – während ihr auf der Toilette sitzt – mit einem Ohr dem neuesten Kita-Erlebnis zuhören, mit dem anderen, dem, was heute alles in der Schule passiert ist, lauschen und gleichzeitig die Wunde an einem Kinderfinger versorgen. Liebe Mamas, ihr seid der Inbegriff der Superwomen! Ihr haltet die Welt am Drehen! Euch allen gebührt der aller größter Respekt, echte Hochachtung! Umso wichtiger ist es, dass wir Mamas zusammenhalten. Immer mit dem Wissen, dass die Mama, die an der Supermarktkasse hinter uns steht, schon genauso viele Fiebernächte, Trotzanfälle und wunderbare Momente erlebt hat wie wir auch. Wir sitzen alle in einem Boot. Wir hocken auf dem MutterKutter!

Eure Judith

Isabel Huttarsch, *Mamapsychologin, PEGNITZ*
So wie es ein Dorf braucht, um unsere Kinder ins Leben zu begleiten, braucht es helfende Hände, offene Ohren und Köpfe, um ein Buch zu schreiben. Es ist es Zeit, Danke zu sagen.

Meinen Kindern: Ohne euch gäbe es definitiv mehr Schlaf in meinem Leben, aber so viel weniger Achtsamkeit, Erkenntnis und Herzensfreude. Für dieses Geschenk bin ich unendlich dankbar. Euch ins Leben begleiten zu dürfen, ist nicht nur ein Privileg. Es ist das wertvollste Abenteuer meines Lebens.

Meinem Mann: Jeden Tag auf Neue machen wir uns gemeinsam auf den Weg. Unser ganz eigenes Abenteuer ist nicht immer einfach, wohl aber echt, tief und verbunden. Daniel – dass du mich in all meinen Vorhaben unterstützt und mir nicht nur Ehrlichkeit, sondern dein Vertrauen entgegenbringst, bedeutet mir viel. Ich danke dir von Herzen für alles, insbesondere für dich.

Meiner Mama Karin und meinem Papa Norbert: Auch wenn es sich für euch in unseren teils hitzigen Diskussionen über die Erziehung und Beziehung eurer Enkelkinder so anfühlen mag, als hättet ihr „alles falsch gemacht", lasst mich euch sagen: Das habt ihr nicht einmal im Ansatz! Wenn ich aus meiner Kindheit eine Überzeugung mitnehmen durfte, dann die, dass ich bei euch immer auf offene

Türen stoße, egal, was das Leben mit mir macht oder ich mit ihm. Dafür bin ich euch unendlich dankbar.

Meiner lieben Freundin Ulrike: Wenn Seelenverwandtschaft einen Namen trägt, dann deinen.

Meiner MutterKutter-Crew: Doro, Judith und Kerstin – Mit niemandem sonst wäre ich lieber zu dieser Buchreise aufgebrochen als mit euch. Obwohl ich zwei von euch wundervollen Frauen noch nie im echten Leben getroffen habe, ist da dieses magische Band, das uns alle miteinander verbindet und spürbar macht, dass wir zusammengehören. Es ist eine einzigartige Verbindung, die mich auch im Alltag sehr bereichert. Ich bin dankbar dafür, dass ihr ein Teil meines Lebens geworden seid!

Eure Isabel

UNSERE LINK-EMPFEHLUNGEN FÜR DICH

Hier bekommst du konkrete Hilfe, Inspiration, gute Geschichten oder einfach eine Herzensempfehlung:

Intern – hier findest du uns Autorinnen

MutterKutter – hier geht es zu unserem Magazin mitten aus dem Leben. Mit unseren Geschichten, Texten, Interviews und Filmen möchten wir dich unterhalten, berühren und informieren. Wir freuen uns, wenn du an Bord kommst.
Online-Magazin: www.mutterkutter.de
Instagram: https://www.instagram.com/mutterkutter/
Facebook: https://www.facebook.com/mutterkutter.de/
Pinterest: https://www.pinterest.de/mutterkutter/

Fotos, Videos & Texte – all das bekommst du bei unserer MutterKutter-Herausgeberin Doro. Sie ist unsere „eierlegende Wollmilchsau". Doro hat über zehn Jahre Erfahrung als TV-Reporterin. Das Texten hat sie von der Pieke auf gelernt, das Drehen und Schneiden kam dazu. Seit 2016 ist sie in Schleswig-Holstein als Fotografin im Auftrag ihrer Kunden unterwegs (Reise nach Absprache ebenfalls möglich). Ihr Motto: professionell, kreativ, liebevoll und persönlich.
Website: www.mutterkutter.de/agentur
Instagram: https://www.instagram.com/dahinden_doro/

Hebamme Kerstin Lüking – Du kommst aus Berlin und suchst eine liebevolle und gut strukturierte Hebamme? Dann bist du bei unserer Kerstin genau richtig. Sie hat über 20 Jahre Erfahrung, ist dazu selbst Mama von sieben Kindern und hat sich über die Jahre immer weiter fortgebildet: Akupunktur, Homöopathie und Pflanzenheilkunde gehören unter anderem zu Kerstins Fachgebieten.
Website: https://www.Hebammekerstinlueking.de
Instagram: https://www.instagram.com/kerstinlueking/
Facebook: https://www.facebook.com/Hebamme-Kerstin-Lueking/

„Ich werde Mama!" – ist der Schwangerschaftsbegleiter unserer Hebamme und siebenfachen Mama Kerstin.

Modelpage Judith Bildau – hier geht es zur Website unserer in Rom lebenden Frauenärztin Judith, die nebenbei als Model arbeitet:
https://www.judith-modelpage.com/
Instagram: https://www.instagram.com/julesloveandlife/

Mamapsychologie – ist Isabels professionelle Online-Beratung, sie bietet Online-Kurse für deine Mutterschaft auf Augenhöhe – mit deinem Kind und mit dir selbst.
Website: https://www.mamapsychologie.de
Instagram: https://www.instagram.com/mamapsychologie/
Facebook: https://www.facebook.com/mamapsychologie/

MINDFULmothering – dein Online-Mama-Clan unserer Mamapsychologin Isabel liefert monatliche Impulse und eine wertschätzende Begleitung für deine bewusste Mutterschaft.
https://www.mindfulmothering.de

„Starke Mädchen brauchen entspannte Eltern" – ist Judiths Buch über unsere Töchter, ein Begleiter, um gelassen durch den Familienalltag zu kommen.

Hier bekommst du unsere externen Linktipps

Anna Funck – Anna ist TV-Moderatorin, Bestseller-Autorin und seit Anfang 2020 Gast-Autorin auf MutterKutter. Mehr über sie und ihre Bücher:
https://www.annafunck.tv/
Instagram: https://www.instagram.com/funckyanna/

Annika Rötters – ist Psychologin, Gesprächstherapeutin, Führungskräftetrainerin und Gast-Autorin auf MutterKutter. Annika bietet ein (von den Krankenkassen bezuschusstes) Präventions-Programm zur Stärkung der psychischen Widerstandsfähigkeit an. Mehr über diesen Kurs und über Annika findest du hier:
https://psychotrainment.de/
Instagram: https://www.instagram.com/psychotrainment/

Das gewünschteste Wunschkind – Danielle Graf & Katja Seide sind DIE Bloggerinnen in Sachen bindungs- und beziehungsorientierte Elternschaft. Sie helfen uns Eltern mit ihrem Wissen in schwierigen Situationen weiter.
https://www.gewuenschtestes-wunschkind.de/

Das Hilfetelefon Gewalt gegen Frauen – ist ein bundesweites Beratungsangebot für Frauen, die Gewalt erlebt haben oder noch erleben.
https://www.hilfetelefon.de/

Das Müttergenesungswerk – hier bekommst du Hilfe, falls du eine Mutter-Kind-Kur beantragen möchtest.
https://www.muettergenesungswerk.de/startseite.html

die_kinderherztin – auf dem Blog von Dr. med. Snježana-Maria Schütt (Fachärztin für Kinder- und Jugendmedizin) findest du viele hilfreiche Informationen rund um das Thema Kindergesundheit.
https://die-kinderherztin.de/

Edition F – ist ein Magazin für Frauen, das sich durch sehr gute magazinige Inhalte auszeichnet. Die Philosophie dahinter: die Welt ein bisschen besser, fairer und gleichberechtigter machen.
https://editionf.com/

Eine ganz normale Mama – Nathalie ist Journalistin und von Hause aus wahnsinnig ehrlich. Sie schreibt schön unverblümt über unser Mamaleben und schafft es, uns ein Lächeln ins Gesicht zu zaubern.
https://ganznormalemama.com/

famzy – ist DIE Plattform von Eltern für Eltern. Hier findest du gleichgesinnte Eltern, Familienadressen, Freizeitideen und verfügbare Eltern-Kind-Kurse in deiner Nachbarschaft.
https://famzy.de/

Frauengesundheitsportal – der Bundeszentrale für gesundheitliche Aufklärung. Hier bekommst du viele Informationen rund um das Thema Frauengesundheit.
https://www.frauengesundheitsportal.de/

Große Köpfe – ein sehr ehrlicher Elternblog – Alu und Konsti schreiben hier aus ihrer und seiner Sicht über das turbulente Leben mit drei Kindern in Berlin.
https://www.grossekoepfe.de/

Heute ist Musik – Journalistin und Dreifachmama Laura schreibt auf ihrem Blog über Mental Load und Feminismus. Hier findest du tolle Tipps und ganz viele Organisationstools für mehr Entspannung in deinem Alltag. Laura ist übrigens auch Buchautorin im humboldt Verlag.
https://heuteistmusik.de/

Initiative Chefsache – steht für die Chancengleichheit von Männern und Frauen in der Berufswelt ein.
https://initiative-chefsache.de

Juramama – bei der Anwältin und Feministin Nina Straßner bekommst du nicht nur wertvolle rechtliche Infos für deinen Familienalltag, sondern auch grandiose Texte rund um das Thema Gleichberechtigung.
https://www.juramama.de/

KindHerzGedanke – ist wundervolle Poesiekunst. Mit liebevollem Blick und so viel Gefühl formuliert Janine Dürrmann ihre Gedanken rund ums Elternsein.
https://www.kindherzgedanke.de/

Licht & Schatten e.V. – Initiative peripartale psychische Erkrankungen. Hier bekommst du Hilfe, falls du nach der Geburt in einer seelischen Krise bist.
https://www.schatten-und-licht.de/index.php/de/

Mutti spielt – du suchst neue Spiele, ein passendes Geschenk oder ein leckeres Backrezept? Dann bist du bei Ankes Portal genau richtig.
https://muttispielt.de/

Nora Imlau – Familienspeakerin, Buchautorin und Journalistin mit einem liebevollen Blick auf die Bedürfnisse unserer Kinder und unsere.
https://www.nora-imlau.de/

OhYouWomen – ist eine Berliner Initiative, die sich für die Gleichbehandlung von Frauen und Männern einsetzt.
https://www.ohyouwomen.org/

Paarcoach & Familienberater Sascha Schmidt – Du kommst aus Schleswig-Holstein und möchtest gerne eine Paarberatung machen? Dann können wir dir Sascha Schmidt ans Herz legen. Er ist seit Anfang 2020 nicht nur Gastautor auf MutterKutter, dazu ist er auch noch Buchautor im humboldt Verlag mit „Wieder Paar sein".
https://www.wieder-paar-sein.de/

Stadt Land Mama – ein toller Blog der Journalistinnen und Dreifachmamas Lisa und Katharina. Hier findest du viele Geschichten aus dem wahren Leben. Geschichten, die uns Mamas wirklich da abholen, wo wir stehen.
https://www.stadtlandmama.de

Wellcome – hier werden für das erste Lebensjahr ehrenamtliche Frauen vermittelt, die dir unter die Arme greifen. Und das für eine minimale Zuzahlung.
https://www.wellcome-online.de/

Erziehung auf Augenhöhe

Stand 2020. Änderungen vorbehalten.

- Für mehr Achtsamkeit im Familienalltag
- Mit kleinen Veränderungen zu mehr Harmonie und Verständnis
- Praktische Rituale und Übungen, die sich leicht und schnell umsetzen lassen

Alexandra Karr-Meng

Kinder achtsam erziehen

208 Seiten
14,5 x 21,5 cm, Softcover
ISBN 978-3-86910-639-7
€ 19,99 [D] / € 20,60 [A]

Der Ratgeber ist auch als eBook erhältlich.

...bringt es auf den Punkt.

Bibliografische Information der Deutschen Nationalbibliothek
Die Deutsche Nationalbibliothek verzeichnet diese Publikation in der Deutschen
Nationalbibliografie; detaillierte bibliografische Daten sind im Internet über
http://dnb.ddb.de abrufbar.

ISBN 978-3-8426-1616-5 (Print)
ISBN 978-3-8426-1617-2 (PDF)
ISBN 978-3-8426-1618-9 (EPUB)

Originalausgabe

© 2020 humboldt
Die Ratgebermarke der Schlüterschen Verlagsgesellschaft mbH & Co. KG
Hans-Böckler-Allee 7, 30173 Hannover
www.humboldt.de
www.schluetersche.de

Aus Gründen der besseren Lesbarkeit wurde in diesem Buch zum Teil die weibliche oder die
männliche Form gewählt, nichtsdestoweniger beziehen sich Personenbezeichnungen gleichermaßen auf Angehörige des männlichen und weiblichen Geschlechts sowie auf Menschen, die
sich keinem Geschlecht zugehörig fühlen.

Autorinnen und Verlag haben dieses Buch sorgfältig erstellt und geprüft. Für eventuelle
Fehler kann dennoch keine Gewähr übernommen werden. Weder Autorinnen noch Verlag
können für eventuelle Nachteile oder Schäden, die aus in diesem Buch vorgestellten Erfahrungen, Meinungen, Studien, Therapien, Methoden und praktischen Hinweisen resultieren,
eine Haftung übernehmen. Insgesamt bieten alle vorgestellten Inhalte und Anregungen keinen
Ersatz für eine fachliche/medizinische Beratung, Betreuung und Behandlung.

Etwaige geschützte Warennamen (Warenzeichen) werden nicht besonders kenntlich gemacht.
Daraus kann nicht geschlossen werden, dass es sich um freie Warennamen handelt.

Lektorat: Katia Simon, Essen
Covergestaltung: ZERO, München
Covermotiv: Shutterstock – Antonova.lettering
Illustrationen: Verena Potthast (www.rundfux.com)
Satz: PER MEDIEN & MARKETING GmbH, Braunschweig
Druck und Bindung: Gutenberg Beuys Feindruckerei GmbH, Langenhagen